# HÁBITOS MILLONARIOS SMART

## Pequeños cambios diarios para alcanzar la LIBERTAD FINANCIERA

Daniel J. Martin

ISBN 978-9916-781-83-8

Aviso: Este libro está pensado para inspirarte, motivarte y darte ideas útiles sobre dinero, hábitos y crecimiento personal. Pero ojo: no soy tu asesor financiero, ni tu psicólogo, ni tu abogado. Lo que aquí comparto no sustituye la ayuda de un profesional cualificado. Si estás pasando por un momento complicado o necesitas orientación seria, por favor, no lo dudes: busca apoyo profesional. Pedir ayuda también es un hábito inteligente.

*"Nunca cambiarás tu vida hasta que no cambies lo que haces a diario. El secreto de tu éxito se basa en tus rutinas diarias."*

—— John C. Maxwell

# ÍNDICE

# ¡Un regalo solo para ti!

¿Te gustaría leer **mi próximo libro completamente GRATIS**? ¡Escanea el código que aparece debajo y **apúntate a mi club de lectores**!

Te esperan grandes sorpresas: sé el primero en leer mis nuevos lanzamientos, escucha mis audiolibros de forma gratuita, consigue copias firmadas y dedicadas... ¡y mucho más!

# Tu libertad financiera arranca hoy

Todo el mundo quiere dinero.

De hecho, todo el mundo quiere más dinero del que tiene, sea el que sea. Algunos lo quieren por necesidad o porque viven ahogados en deudas, otros lo desean por pura codicia. ¿Y sabes cuál es el problema? «Que no hay para todos», pensarás. Pues no, ese no es el problema. En el mundo hay riqueza suficiente para que todas las personas vivan con dignidad y estabilidad económica. Lo que no hay es una distribución justa de esa riqueza, ni de las oportunidades ni de los recursos para llegar a ella.

Y esto me lleva a recordarte otra cosa, antes de meternos en faena: lo afortunados que somos por vivir donde vivimos. Vivimos en países donde no hay guerra, ni violencia generalizada, ni altos índices de pobreza. Tenemos los mínimos garantizados. Y eso significa que también tenemos oportunidades de prosperar más allá de simplemente sobrevivir.

El problema, como decía, no es que todo el mundo quiera tener más dinero. El problema es que, para la mayoría, tener más dinero es solo un «ojalá». No hay plan detrás, no hay hoja de ruta, solo hay un soñar despiertos y fantasear con todas las cosas que haríamos si nos tocara la lotería.

Lo sé porque yo antes era así. Para mí, tener dinero era un deseo, no un objetivo. Me entretenía con mis amigos o mi pareja, imaginando cómo sería nuestra vida como millonarios. Pero yo nunca creí realmente que iba a serlo porque pensaba que eso de ganar mucho dinero era para «otro tipo de gente». ¿Y sabes qué? No soy multimillonario, pero sí puedo decir que he alcanzado cierta libertad financiera. Yo también soy ese «otro tipo de gente». He hecho crecer mi productividad, mis oportunidades y mi dinero. No tengo una mansión de 10 millones de euros, pero nunca más volveré al cuchitril en el que vivía hace 10 años. Mi patrimonio y mi poder adquisitivo crecen cada día. Nunca pensé que podría lograrlo, pero lo conseguí, y mucho antes de ser anciano, como me decía en broma mi madre.

## Cambiar el marco mental

¿Qué hice? Cambié mi mentalidad y me puse a trabajar. Así de fácil y así de difícil. En 5 años, mi situación económica se había transformado por completo. Pasé de ser un trabajador en nómina a atraer el dinero y las oportunidades, y lo hacía con la misma seguridad que si hubiera sido hijo de banquero. Tomé malas decisiones, pero también aposté por mí y acerté la mayoría de las veces.

Si tú también quieres pasar del «ojalá» a la libertad financiera, tendrás que cambiar tu modo de ver las cosas, igual que hice yo.

Este libro no te hará rico de la noche a la mañana. Pero sí te dirá lo que a mí me habría gustado saber antes. No me quejo de mi camino, solo que habría agradecido tener cierta información antes de tomar las malas decisiones que tomé o de dejar escapar las oportunidades de oro que dejé escapar. Ya no puedo volver atrás, pero sí puedo enseñarte a ti lo que he aprendido.

Así que este libro es para ti si:

- Sientes que podrías tener una mejor situación económica,pero no sabes cómo lograrlo.
- Lees sobre inversión y finanzas, pero nunca te atreves a darningún paso.
- En casa o en la escuela te inculcaron que querer más dinero telleva a ser codicioso y corromper tu integridad, pero tú no lo ves así.
- Quieres alcanzar la libertad financiera.
- Tienes muchas ganas de disfrutar de la vida sin pasar miedo estrés por el dinero.

## ¿Por qué otro libro sobre dinero?

¡Ojo! Este libro no va de dinero, va de hábitos.

¿De hábitos?

Sí. Déjame explicarlo. Empecé a interesarme por los hábitos hace una década. Fue cuando descubrí algo que hoy me parece de cajón, pero que hasta entonces no se me había ocurrido: todos funcionamos con hábitos. Todos seguimos rutinas automatizadas que organizan nuestros días. Y los hábitos van a nuestro favor o en nuestra contra, no hay término medio. Si tú no tienes hábitos saludables con respecto a tu cuerpo, es que tus hábitos son perjudiciales. Y si no tienes hábitos inteligentes en tus finanzas ahora mismo, significa que tienen hábitos contraproducentes, es decir, que te están haciendo perder dinero. Y eso tienes que pararlo ya.

## Los hábitos son el (único) camino

El desarrollo de hábitos efectivos es fundamental para alcanzar el éxito en cualquier área de la vida, en eso coinciden todos los expertos en psicología y conducta humana. ¿Cuál es el problema? Que llegamos a la edad adulta y muchos de nuestros hábitos no son efectivos ni están alineados con nuestros objetivos. ¿Y cuál es el segundo problema? Que NOS CUESTA HORRORES CAMBIAR.

El cambio implica trabajo consciente, disciplina, renuncia, sacrificio, críticas y desconfianza por parte del entorno, incertidumbre, desgaste... Y eso echa para atrás. Por eso, la mayoría de las personas pasan toda la vida con sus hábitos de siempre, eligiendo lo malo conocido antes que lo bueno por conocer.

Los hábitos son acciones que realizamos sin pensarlas, por pura costumbre. Llevamos años con ellos, así que tal vez te estés preguntando si tú estás a tiempo de cambiar esos hábitos. ¿Puedes modificar las rutinas que llevan décadas controlando tu cerebro? La respuesta es «sí»: Sí, puedes cambiar tus hábitos sea cual sea tu punto de partida. Y puedes empezar hoy mismo.

## Mi compromiso contigo

Este es mi pacto contigo: si tú lees este libro con atención y pones en práctica la última parte, yo te garantizo que empezarás a notar los cambios. Al principio serán lentos, pero el crecimiento será exponencial.

¿Qué hay en este libro? Todo lo que yo creo que necesitas saber. Y lo he organizado en 4 grandes bloques:

- En el primer bloque, que he titulado EL DINERO, te daré información útil sobre qué es y cómo funciona eso que llamamos «dinero». También te expondré mi punto de vista sobre la relación que debemos tener con él y la mentalidad de éxito necesaria para atraer la riqueza (sin esoterismos).

- En el segundo bloque, EL HÁBITO SMART, te hablaré de la herramienta básica para conseguir el éxito: los hábitos SMART. Te explicaré qué son, cómo se forman y cómo aumentar nuestra motivación y nuestra disciplina para seguirlos sin abandonar.

- En el tercer bloque, titulado HÁBITOS FINANCIEROS CORRECTOS, expondré los 6 hábitos principales relacionados con el dinero que deberías adoptar. Al final de este bloque también obtendrás otra poderosa herramienta: la lista de los 100 micro hábitos diarios que te acercaran a tus metas. Porque está demostrado que los hábitos efectivos están hechos de micro hábitos efectivos.

- Por último, en el cuarto bloque, EL RETO, lo

pondremos todo en práctica: abordaremos una herramienta vital, –la Rueda de la Vida– y te daré 7 sencillos pasos para pasar de la teoría a la acción.

Nunca es tarde para mejorar. Y nunca es tarde para cambiar lo que nos separa de nuestros objetivos. Solo necesitas 30 días y el método adecuado.

## ¿Por qué 30 días?

Según mi experiencia personal y profesional, 30 días es el tiempo medio que una persona necesita para introducir un nuevo hábito en su vida (o modificar uno existente). Es cierto que en eso los especialistas no nos ponemos de acuerdo, y que algunos defienden que necesitamos dos meses mientras que otros creen que basta con 3 semanas. Pero yo coincido con uno de los mayores investigadores y divulgadores de hábitos, el estadounidense James Clear[1]. Y él cree que es posible lograrlo en 30 días. Eso sí: hay que ser constante, trabajar e ir de uno

1. James Clear es escritor y divulgador en el ámbito del crecimiento personal, y es el autor del best seller *Atomic Habits*.

en uno, es decir, abordando un solo hábito cada vez hasta integrarlo en nuestra vida.

¿Aceptas el reto? Si es así, solo te pido que, para empezar, no te focalices en ganar dinero, sino en cambiar tus hábitos. Hazlo así y el dinero llegará.

¿Estás listo? Yo estoy listo cuando tú lo estés.

Daniel

# BLOQUE 1: EL DINERO

# 1. Cómo funciona el dinero

Si quieres hacer dinero, tendrás que saber de qué estás hablando. ¿Sabes realmente qué es el dinero? ¿Sabes cómo se genera, cómo se mueve y cómo muere? (Sí, el dinero también muere). ¿Sabes qué es la economía, qué son las finanzas, qué es el mercado?

Si es así, adelante, ¡ya tienes mucho camino hecho! Aunque siempre hay cosas por aprender, y cada día surgen nuevas dinámicas en este campo.

Cuando yo empecé a tomarme en serio lo de ganar dinero, no tenía ni idea de finanzas. Sabía más o menos en qué consistía eso de invertir, pero no sabía buscar oportunidades ni proteger mi capital de las malas decisiones que, lamentablemente, tomé. Así que, si te parece, vamos a dedicar unas páginas a explicar cuatro conceptos básicos.

## ¿Qué es el dinero?

El dinero es el medio de cambio que usamos para adquirir bienes y servicios, y también es el medio con el que se recompensa nuestro trabajo remunerado. Aunque es variable, el dinero tiene un valor específico, predeterminado e igual para todas las personas, concretado en una cifra.

Podemos distinguir tres funciones principales del dinero:

1. Como herramienta de pago para adquirir bienes y servicios, y para remunerar el trabajo.

2. Como unidad para fijar precios. Estos precios vienen marcados por el valor intrínseco (lo que cuesta pro-ducir algo), y por factores como la oferta o la de-manda. De manera generalizada podemos decir que, a mayor precio de algo, mayor importancia y apreci-ación social, y viceversa.

3. Como un depósito de valor. Eso significa que el di-nero puede guardarse para ser usado posteriormente, lo que hace posible el ahorro. Es

decir: el dinero (su valor), es perdurable en el tiempo. Si no tenemos la garantía de que nuestros ahorros valdrán en el futu-ro, no tiene sentido ahorrar (es lo que sucede cuando se dan grandes devaluaciones de moneda).

A lo largo de la historia, se han utilizado distintos elementos como dinero: en época romana, se usó la sal como moneda de cambio (de ahí el término «salario»), y también los metales como el oro y la plata. En el siglo XVII aparecieron los primeros billetes de reconocimiento legal en Europa en forma de billetes o «pagarés», a los que se dio un valor específico al margen de su valor físico, igual que hoy (eran simples rectángulos de celulosa, pero equivalían a X oro o plata). Hoy en día, es dinero la información que hay en el microchip de nuestra tarjeta de crédito o en nuestra cuenta online.

El dinero no existe por sí mismo: es la sociedad la que le da el significado y el valor correspondiente. Para que el dinero funcione, se necesita un pacto social de aceptación y reconocimiento hacia el emisor (generalmente, el estado). Cuando un estado (un país, por ejemplo), desaparece o no es reconocido, su moneda también deja de significar como herramienta de pago. Lo mismo sucede cuando nace un nuevo ente (un nuevo estado): para organizar su sociedad y sus relaciones dentro y fuera de sus fronteras, debe crear una moneda propia o adherirse a una ya existente. Así, Sudán del sur creó su libra sur sudanesa cuando se independizó, mientras que muchos países de la ex URSS adoptaron el euro.

Otros países soberanos, como El Salvador o Ecuador, han abandonado sus propias monedas y se han adherido a otras más fuertes, en su caso, el dólar norteamericano, para tratar de ser competitivos.

¿Existe «dinero» al margen de las monedas oficiales?

Sí, existe, pero solo en circuitos cerrados. Por ejemplo: dentro de un casino, las fichas son el dinero. Pero si tratas de usar una de esas fichas para comprar en el supermercado de otra ciudad, no te la aceptarán. Esas fichas solo son dinero dentro del casino.

## La economía es una ciencia

La economía es la ciencia social que aborda la producción, la distribución y el consumo de bienes y servicios en una sociedad. La economía estudia y expone la relación entre el dinero y las personas, empresas, gobiernos y estados, las consecuencias de las decisiones que se toman sobre él y también cómo funciona el mercado.

Existen 2 grandes vertientes de la economía:

- La MICROECONOMÍA, que estudia el comportamiento individual de consumidores y empresas.
- La MACROECONOMÍA, que analiza la economía global para entender temas como la inflación, el desempleo, las crisis, las políticaseconómicas de un país, etc.

Así, un mismo concepto, por ejemplo, el ahorro, se estudia desde distintos ángulos según si se trata desde la microeconomía (el ahorro familiar) o la macroeconomía (los ahorros de un país).

## Nuestro sistema económico actual

El sistema económico predominante en el mundo es el de la **Economía de Mercado Mixta.** Este sistema combina elementos del capitalismo con el intervencionismo estatal con el fin de equilibrar las posibilidades del mercado libre con la protección de servicios y bienes básicos para la población. La protección de estos últimos se alinea con los Derechos Humanos reconocidos en la mayoría de los países (acceso a la educación, acceso a la sanidad, acceso a una vivienda digna, etc.). En términos generales, el bienestar de una sociedad va ligado a la calidad de sus servicios públicos.

En una economía de mercado mixta, la mayor parte de los recursos y bienes circulan en el mercado libre, donde las fuerzas de oferta y demanda determinan los precios y la producción. Así, son las empresas privadas, a través de sus trabajadores, las que crean la mayoría de los bienes y servicios. Sin embargo, el gobierno puede intervenir cuando un sector se pervierte hasta el punto de ser perjudicial para la población. Por ejemplo, puede frenar el aumento de los precios del alquiler de pisos si este provoca un claro perjuicio de una mayoría en favor de un monopolio, o puede promulgar leyes para proteger el medio ambiente en pro del interés general.

¿Cómo interviene un estado en el mercado libre?

- Con políticas fiscales (mediante impuestos y ayudas sociales, como subsidios).

- Con políticas monetarias (mediante la regulación de la fabricación del dinero o de las tasas de interés, por ejemplo).

- Con otro tipo de leyes, por ejemplo, relacionadas con la sostenibilidad, con los estándares de calidad de un producto, con la edad de jubilación, etc.

Otros modelos económicos que existen o han existido en el mundo son:

- El Capitalismo puro: En este sistema, todos los recursos y bienes son de propiedad privada y el mercado libre opera sin intervención gubernamental. En el siglo XIX se demostró que este sistema tiende a la polarización y termina por devorarse a sí mismo y ahogar a la población a la cual debe servir.

- El Socialismo: En una economía socialista, el gobierno controla los recursos y los medios de producción a fin de garantizar una distribución equitativa de la riqueza. Se prioriza el bienestar colectivo, asegurando la calidad de servicios públicos, a cambio de la renuncia a la iniciativa privada. Muchas facetas del socialismo pueden funcionar actualmente en democracias parlamentarias y socialdemocracias, coexistiendo con un capitalismo moderado.

- El Comunismo: En el extremo opuesto al Capitalismo puro, este modelo propone la eliminación de la propiedad privada y el control total de la economía por la comunidad, que lo delega en un gobierno que termina identificándose con el estado. No hay mercado libre, y el estado planifica toda la producción y distribución. En este sistema no hay margen para las iniciativas privadas, y suele sacrificarse la democracia en pro de un gobierno de partido único y la inmovilización del poder.

## ¿Y qué son las finanzas?

Las finanzas se enfocan en las acciones que provocan la creación, gestión y circulación del dinero. Si la economía es una ciencia de carácter teórico (estudia el comportamiento de las sociedades en cuanto al dinero), las finanzas se centran en su vertiente práctica.

Las finanzas se suelen dividir en:

- **Finanzas personales:** Son el conjunto de acciones que realiza una persona para gestionar su dinero, especialmente en términos de ahorro, inversión y deudas individuales (créditos, hipotecas, etc.).

- **Finanzas corporativas:** Son el conjunto de acciones que realiza una empresa, incluyendo la obtención de fondos, la gestión del flujo de efectivo, la planificación de inversiones y la maximización de su valor para los accionistas.

- **Finanzas públicas:** Son el conjunto de acciones que realiza un gobierno con el dinero público y que afectan a la recaudación de impuestos, a la inversión en sanidad, educación o transportes, y a la gestión de la deuda pública con el banco.

## El mercado es el tablero de juego

Por último, llamamos «mercado» al espacio físico o virtual donde existe el intercambio de bienes, servicios y activos entre distintas personas, empresas o entidades. Hay muchos tipos de mercado, cada uno con su propia estructura y regulación. Los mercados son órganos vivos, es decir, que cambian y evolucionan.

Cualquier tipo de mercado deben contar con estos cuatro elementos para existir:

1. Una herramienta de cambio (una moneda reconocida, que puede ser dinero físico u otra cosa).

2. Unos precios concretos. Aunque varíen con el tiempo, estos precios deben ser iguales para todo el mundo.

3. Una oferta de bienes, servicios, trabajo, etc.

4. Una demanda de estos.

Si hablamos del mercado laboral, los «precios» son los salarios, y la oferta y la demanda, la relación entre puestos de trabajo y trabajadores disponibles. Si hablamos de un mercado financiero, lo que se vende son activos como bonos, acciones o divisas, que pueden comprarse con dinero o con otros bonos, activos, etc.

Ahora que ya tenemos la información básica sobre el dinero, y sabemos que nuestra sociedad se basa en una economía de mercado mixta, veamos qué relación mantenemos las personas con el dinero.

# 2. Tu relación con el dinero

¿Cómo nos relacionamos con el dinero?

Desde la Segunda Guerra Mundial, nuestro modelo capitalista ha dado como resultado una gran disponibilidad de bienes y servicios, y el estilo de vida que conocemos como «consumismo». El consumismo ha sido el estilo de vida de nuestros padres, y se define como el deseo o la tendencia inmoderada a adquirir, gastar o consumir bienes, no siempre necesarios, con el fin de obtener algo más allá de la utilidad de esos bienes: estatus social, prestigio, felicidad, aceptación. Así, el consumismo refleja un estilo de vida aspiracional en el que se vincula el éxito a la acumulación de dinero.

A día de hoy, se empieza a cuestionar esta asociación: el éxito se sigue asociando a la riqueza, pero el estilo de vida ostentoso y profundamente individualista está dejando de ser atractivo para una parte de la sociedad. Así, un millonario puede estar mejor valorado por sus donaciones a la medicina que por su colección de coches deportivos.

## El poder del dinero

Todos hemos visto en las películas y en las figuras políticas cómo el dinero corrompe a la gente y cómo puede volverla adicta. Por eso te pregunto: ¿Tú crees en el dinero a cualquier precio? Si es así, déjame hablarte de qué sucede cuando pones el dinero en el centro de tu existencia, por encima de la vida y la dignidad de las personas.

Todos recordamos al viejo Scrooge del cuento de Dickens, un hombre avaro y resentido que necesita acumular dinero para mantener su autoestima. En el cuento, Dickens demuestra que el dinero no da la felicidad si no eres capaz de compartirlo, como le ocurría al viejo protagonista.

Otro ejemplo de persona adicta al dinero fue Hetty Green, la llamada Bruja de Wall Street. En este caso, fue un personaje real. Su tacañería era tan extrema que, siendo ya multimillonaria (fue la mujer más rica de América a finales del siglo XIX), prefirió dejar a su hijo cojo de por vida antes de gastar un céntimo en su tratamiento.

Como estos, hay otros casos de gente que termina con trastornos mentales relacionados con el deseo de poseer cuanto más dinero, mejor, pero sin hacer nada útil con él más que acumularlo.

## Dinero como sustituto de salud mental

Como en los casos extremos que acabamos de ver, el tipo de relación que se mantiene con el dinero puede revelar un problema de salud mental. Esto ocurre cuando se pone el dinero en el centro, desplazando todo lo demás.

Por ejemplo: hay un problema de salud mental cuando existe una obsesión enfermiza por acumular dinero con cualquier método y una gran frustración al tener que gastarlo. Es típico de perfiles narcisistas, con tacañería extrema y/o con trastornos compulsivos de acumulación (*Hoarding Disorder* en inglés).

También lo hay cuando existe un terror injustificado por perder el dinero acumulado, un control rígido y excesivo, necesidad extrema de esconderlo o rituales irracionales para «protegerlo». Puede darse en personas con TOC (Trastorno Obsesivo-Compulsivo).

¿Por qué digo todo esto? Porque es importante saber cuál queremos que sea nuestra relación con el dinero. ¿Viviremos para ganarlo y acumularlo, aislándonos de todo y todos, o lo obtendremos para llevar una vida plena y con sentido? Recuerda que la libertad financiera se sitúa en el polo opuesto a la tacañería patológica, ya que la tacañería patológica no es más que una cárcel mental.

Y esto nos lleva a otro punto: ¿qué es eso de la libertad financiera?

## El sueño de la libertad financiera

En términos generales, la libertad financiera consiste en tener los ingresos suficientes para cubrir todas las necesidades económicas de por vida sin depender de un trabajo asalariado.

Se puede definir la libertad financiera desde muchos puntos de vista. Para mí, por ejemplo, es saber que nunca más me iré a dormir angustiado por el dinero, que nunca más me despertaré a las tres de la madrugada pensando cómo voy a llegar a todo. Ahora mismo ya sé que nunca me faltará el dinero, haga lo que haga ahora.

La libertad financiera llega mediante dos elementos: los ahorros y las ganancias o retorno de dinero.

- **Ahorros:** Son la parte del ingreso que una persona o entidad puede no gastar y decide reservar para el futuro. El ahorro sirve para crear un fondo para emergencias, metas a corto plazo, proyectos futuros, etc. Para ello, los ahorros pueden ser guardados en cuentas con planes de ahorro, en depósitos u otras opciones bancarias.

- **Retorno de Dinero:** Son las ganancias generadas a partir de una inversión. Es el beneficio extra que se obtiene al poner dinero en activos como acciones, bonos, bienes raíces, empresas o cualquier otro vehículo de inversión. El retorno puede ser en forma de intereses, dividendos o ganancias de capital.

Mientras que el ahorro se enfoca en preservar, es decir, en no gastar lo que se tiene, el retorno se enfoca en hacer crecer el capital que se tiene gracias a su rentabilidad.

## ¿Para qué quieres el dinero?

Dicho todo esto es importante que te preguntes por qué quieres ser millonario/a.

Todas las respuestas a esta pregunta son válidas mientras sean realistas. Me explico: «Quiero ser rico para ser feliz» no es una respuesta realista. «Quiero tener más dinero para comprar una finca con terreno y criar caballos de pura raza» sí es realista. Revela un objetivo concreto y un conocimiento objetivo sobre el uso que se puede dar al dinero.

Te invito a que hagas un ejercicio de reflexión acerca de los motivos por los que quieres la libertad financiera. ¿Qué harás con el dinero? ¿A qué dedicarás tu tiempo y tus esfuerzos? ¿Qué cifra específica y realista consideras que necesitas para alcanzar esa libertad?

Por favor, te pido que no continúes leyendo hasta que no tengas claro para qué quieres el dinero y cómo esperas sentirte cuando llegue esa libertad financiera.

# 3. Una mentalidad de éxito

¿Ya sabes por qué y para qué quieres el dinero? Perfecto, ahora vamos a hablar del marco mental apropiado, es decir, de la mentalidad de éxito que necesitas para crear esa abundancia. Por cierto, ¿sabes qué es la mentalidad de éxito? Mejor dicho, ¿sabes qué es una mentalidad? Vamos a verlo.

Una mentalidad es el conjunto de pensamientos y conclusiones sacadas de nuestra interacción con la realidad y que son repetitivos, es decir, que responden a un patrón, a una tendencia. Nuestra mentalidad define nuestra actitud y nuestra conducta ante los problemas, las crisis, las oportunidades y las alegrías de la vida. De ella se derivan la mayor parte de nuestra decisiones y acciones. Y, en consecuencia, de nuestros éxitos o fracasos.

Por ejemplo: una mentalidad cerrada es una mentalidad rígida y reacia a los cambios, que se nutre de pensamientos generados por el miedo y la visión de un mundo siempre hostil. Una mente cerrada suele desconfiar de la gente, de las novedades, de lo desconocido, etc. Y suele hacer campaña de lo contrario hasta la toxicidad.

Dicho esto, ¿qué clase de mentalidad es una mentalidad de éxito?

Asegura Brian Tracy[1] que «si lo crees, lo creas». Que todo comienza con la forma en que creemos y visualizamos las cosas. Si creemos en la propia capacidad y en las oportunidades, hallaremos el camino, ya que una mentalidad apoyada en la confianza impulsa la acción. En cambio, una mentalidad ahogada por el escepticismo o la queja no nos llevará muy lejos ni crecerá al aprender de nuestros propios errores, ya que seguramente todo será «culpa de los demás».

---

1. Brian Tracy es un orador y coach canadiense, autor de varios best sellers sobre liderazgo, eficiencia, productividad y crecimiento.

En el ámbito del dinero, si cambiamos nuestras creencias y pensamientos limitantes (por ejemplo, que solo llegan a ser ricos los que tiene suerte o carecen de escrúpulos), por otros pensamientos más abiertos a la creatividad y el optimismo, veremos oportunidades donde antes no veíamos nada. Si creemos que podemos hacerlo, construiremos la fortaleza necesaria para no abandonar nuestros objetivos a la primera dificultad.

## 20 consejos para adoptar la mentalidad de éxito

Así que vamos a adoptar una mentalidad de éxito. ¿Y cómo se hace eso? Pues poniendo a examen nuestros pensamientos recurrentes y adoptando otros pensamientos más proactivos, constructivos y optimistas. Consejos:

1. **Desarrolla el pensamiento crítico hacia la realidad.** Cuestiona la información antes de aceptarla como verdad absoluta o como mentira en función de su origen. Analiza, investiga y reflexiona sobre lo que escuchas o lees para tener opiniones fundadas.

2. **Desarrolla el pensamiento crítico hacia tus propias creencias.** Trata tus propios pensamientos y creencias como si vinieran de una fuente que debes contrastar. No des por válido un pensamiento solo porque sea tuyo, y estate dispuesto/a a cambiar de opinión ante cada nueva información que invalide la anterior.

3. **Cultiva la autoconfianza.** Confía en tus habilidades y conocimientos adquiridos a lo largo del tiempo (este punto no contradice al anterior: una cosa es confiar en tus capacidades, y otra dar por bueno todo lo que te pase por la mente).

4. **Piensa en soluciones primero.** Ante cualquier crisis o problema, céntrate antes en encontrar la solución que en encontrar o castigar a los responsables.

5. **No te recrees en las desgracias.** Es importante reconocer la gravedad de una situación, pero concentrarnos en salir adelante en lugar dramatizar nos permite superar los problemas en vez de quedar encadenados a ellos. Una mentalidad victimista es una

mentalidad tóxica para los demás pero, sobre todo, para uno mismo.

6. **Deja de criticarte.** Y deja de castigarte o de hablarte mal. Mereces ser tratado/a con respeto y amor por ti mismo/a. Además, es la única manera de triunfar.

7. **Piensa en la creación de riqueza o bienestar como un proceso constante, no un golpe de suerte:** Ver la riqueza como el fruto de un esfuerzo continuo por seguir hábitos efectivos alimentará tu perseverancia y disciplina.

8. **Evita la rumiación.** Date un tiempo y un espacio para pensar en cada cosa, y toma una decisión al final de este tiempo. No permitas que los pensamientos en bucle tomen toda tu energía, no te pierdas en el «¿Y si hubiera hecho...?». Enfocarte en el aquí y ahora te ayudará a reducir el estrés y la ansiedad asociados al pasado o al futuro. También te liberará de la tendencia al control excesivo.

9. **No pienses que el error te invalida.** Abraza

tus errores como parte inevitable del proceso de crecimiento y no te mortifiques por ellos. El único error es no aprender nada de los fallos. Piensa a menudo en tus errores, no para castigarte sino para sacer el máximo de número de aprendizajes de ellos.

10. **Reconoce tus logros y victorias**. Del mismo modo que debes reconocer tus errores, debes felicitarte por tus éxitos y tu esfuerzo. Reconocer y valorar el propio camino te permite desarrollar la autoestima y la confianza que necesitas para el éxito.

11. **Evita compararte con los demás.** Solo hay alguien a quien debes superar: tu yo de ayer. Si bien es positivo de vez en cuando ver en qué punto estamos en relación al conjunto, invertir energía en las comparaciones no ayuda a tener una mentalidad ganadora, al contrario.

12. **Piensa en compartir como una forma de multiplicar la riqueza, no de dividirla.** Al compartir tus recursos, conocimientos o tiempo, ayudas a otros a crecer y, con ello, atraes más

oportunidades y abundancia a la larga. La gente recuerda a las personas generosas y, si puede, tiende a corresponder. Y si no lo hace, no es problema tuyo. Tú debes hacer tu parte.

13. **Actúa en consonancia con tus pensamientos.** Lo que piensas, lo que dices y lo que sientes forman un triángulo que debes mantener en equilibrio. Alinea tus acciones con tus objetivos, pensamientos y valores, y evita llevar una doble vida apoyada en la mentira constante y en la negación de tus propias convicciones.

14. **Ignora los pensamientos destructivos** o que te lleven a empequeñecerte, abandonar, procrastinar o auto sabotearte.

15. **No creas que lo tienes que saber y controlar todo** para lograr tus metas. Nunca lo conseguirás. Hasta el último día que vivas puedes estar aprendiendo cosas que no sabías.

16. **Cultiva los pensamientos relacionados con la**

**gratitud.** Ser agradecido por lo que uno tiene y estar dispuesto a compartir con los demás crea un ciclo positivo que atrae la abundancia.

17. **Piensa en el dinero como una herramienta** para crear valor, experiencias enriquecedoras y bienestar, no como un recurso escaso que nos quitamos de las manos unos a otros.

18. **Piensa que siempre hay más oportunidades.** Debes creer firmemente que, cuando una puerta se cierra, otra se abre más adelante. Que siempre encontrarás una forma de generar ingresos o valor.

19. **Hazte responsable de tus propias acciones,** no busques excusas y no culpes a los demás de tu falta de precisión. Cuando des tu palabra, cúmplela; cuando te comprometas con algo, dalo todo por esa causa.

20. **Olvídate del dinero y enfócate en el éxito.** Si te centras en el éxito de tus objetivos, tendrás éxito, dinero y felicidad. Si te centras en el dinero, no tendrás ninguna de las tres cosas.

# BLOQUE 2: EL HÁBITO SMART

# 5. Qué son los hábitos

Hasta ahora hemos visto qué es el dinero, cómo funciona, para qué lo queremos y cuál es la mejor actitud mental para ponernos a trabajar en nuestros objetivos financieros. En este bloque vamos a ver cómo logramos encaminarnos hacia nuestro objetivo.

Ya hemos dicho que la riqueza se genera mediante un proceso, no de un día para el otro. Y que este libro va de generar riqueza a través de unos hábitos eficientes. Así que ahora hablaremos de hábitos.

Los hábitos, en su definición más amplia, son un conjunto de acciones que hemos interiorizado y que llevamos a cabo de manera automatizada y repetitiva, sin detenernos a reflexionar o a sentir muchas emociones al respecto. Esas acciones requieren tan poco esfuerzo mental que nuestro cerebro apenas dedica recursos a pensar o a sentir sobre ellas[1].

Por ejemplo, tenemos el hábito de desayunar cada mañana, de relajarnos en el sofá al final del día, de encender el coche para ir al trabajo o de remover el café tras agregarle azúcar. Gracias a ello, podemos simplificar nuestra vida, permitiendo que el cerebro se libere de la necesidad de reflexionar, sentir o decidir sobre acciones rutinarias, y se enfoque en lo que realmente demanda nuestra atención.

Si los hábitos nos facilitan la vida, ¿por qué no hemos adoptado los mejores posibles?

La razón es que el cerebro no siempre interpreta la realidad de manera precisa, y a veces no percibe los beneficios potenciales de un nuevo hábito como algo positivo. Esto es aún más difícil cuando dicho hábito implica cambiar y adentrarse en terrenos de incomodidad e incertidumbre.

---

1. En uno de mis libros, *El poder de los hábitos,* profundizo en el análisis de su funcionamiento.

## La resistencia a lo bueno por conocer

¿Por qué esa resistencia a lo que nos beneficia?

La resistencia no está en la mejora en sí, sino en la incertidumbre que implica el cambio. Cualquier intento por modificar un aspecto de nuestra conducta, aunque sea por decisión propia, se encontrará con la negativa por parte de nuestro cerebro. ¿Por qué? Porque este responde a su lado más primitivo, que se enfoca únicamente en mantenernos vivos gastando la menor energía posible. Esa parte básica de nuestra mente nos susurra: «Si hemos sobrevivido de esta manera hasta ahora, ¿por qué arriesgarnos? Es mejor seguir como estamos».

Por eso, antes de cambiar, nuestro cerebro debe ver claros los beneficios a largo plazo. Cuando esto no ocurre, pero sabemos que será beneficioso, debemos «luchar» contra nuestros pensamientos conservadores.

## Cómo adoptar un hábito nuevo

¡En nuestras 24 horas diarias no hay espacio para más hábitos!

No te preocupes, sí que lo hay, pero hay que hacer hueco. ¿Cómo? Piensa en los hábitos nuevos como si fueran muebles. ¿Cómo añadirías muebles nuevos a una habitación que ya está llena? Solo hay dos opciones: o retiras algunos de los muebles antiguos, o los reorganizas mejor para que los nuevos encajen.

Para que un nuevo hábito se mantenga en nuestra vida, hay que crearle el lugar adecuado, no dejarlo en medio del camino esperando no tropezar con él como si fuera un mueble. Así no funcionará.

Ahora, pensemos en la idea de incorporar un nuevo hábito concreto a nuestra vida: acostarnos media hora antes cada noche. Es un cambio positivo, que en teoría no debería causar complicaciones, ¿verdad?

Sin embargo, llevamos años descansando una hora frente al televisor después de cenar. Ese es nuestro tiempo para relajarnos, conversar con nuestra pareja o distraernos con el móvil. Cuando intentamos reducirlo en 30 minutos el primer día, sentimos que algo falla. Como si nos hubieran quitado un momento especial del día. Además, no logramos dormirnos más temprano, así que no conseguimos nada y terminamos de mal humor.

Aun así, sabemos que dormir esos 30 minutos extra es importante para aprovecharlos mejor por la mañana. Entonces, ¿qué podemos hacer?

Lo primero es identificar las diferentes partes del hábito que queremos ajustar, es decir, esa hora de relajación que queremos reducir a media hora. Es esencial reconocer cuáles son su señal, su rutina y su recompensa.

## Los tres actos de un hábito

El especialista en comportamiento humano y hábitos productivos Charles Duhigg[2] descubrió que en cada hábito instaurado en nuestra vida (es decir, cada acción que realizamos de forma automatizada) hay un patrón: empieza con una **señal**, luego, ejecutamos una acción rutinaria

2. Charles Duhigg fue galardonado con el premio Pulitzer en 2013 por su estudio sobre los hábitos en el marco laboral y empresarial, tanto individuales como dentro de las corporaciones.

o **rutina** y, por último, obtenemos una **respuesta o recompensa inmediata:**

- La **señal** es el estímulo que nos prepara para actuar. Por ejemplo, cuando el semáforo se pone en verde, nos ponemos en marcha de forma automática. El semáforo en verde actúa como el desencadenante conocido al que ya sabemos cómo responder.

Para entender hasta qué punto tenemos interiorizada una señal, basta con intentar hacer lo contrario a lo que hacemos cuando esa señal aparece. Por ejemplo, intercambiar los significados del color verde y el color rojo en los semáforos. ¿Cuánto tardaríamos en habituarnos? ¿Cuántos accidentes habría en las calles mientras «desaprendemos» el significado de la luz verde y de la luz roja tanto? Esto ocurre porque esa señal ya está profundamente arraigada en nosotros.

- **La rutina** es la acción que llevamos a cabo de forma automática tras percibir la señal; es decir, es la puesta en marcha del hábito. Por ejemplo, tras quitarme las gafas, me paso los dedos por el puente de la nariz para liberar la tensión.

- **La recompensa** es lo que obtenemos tras realizar la acción. No es algo fortuito, sino lo que ocurre siempre que respondemos a la señal. Puede ser tan sencilla y lógica como esperar que el café esté dulce después de removerlo con el azúcar.

Este ciclo de señal > rutina > recompensa se desarrolla sin que le prestemos casi atención. De no ser así, cada vez que el semáforo cambiara a verde, tendríamos que decidir cómo actuar, sentiríamos emociones nuevas y distintas, etc. Sin la automatización de estos hábitos, la toma de decisiones constante sería agotadora.

Volviendo al hábito de pasar una hora viendo la tele cada noche. Para cambiarlo, tenemos que descubrir:

1. **La señal:** ¿Qué es lo que dispara esa rutina? ¿Es pensar en el episodio de la serie mientras preparas la cena? ¿Es recoger la cocina? ¿Es tomar el mando de la tele?

2. **La rutina:** ¿Qué es exactamente lo que hacemos esa hora? ¿Hablamos, comemos chocolate, entramos en

las redes sociales...?

3. **La recompensa:** ¿Qué sentimos después? ¿El placer del chocolate? ¿Relajarnos? ¿Reír con los vídeos de TikTok? Si no lo tenemos claro, hay que probar a quitar una de esas posibles opciones y seguir con el resto de la rutina: una noche sin encender el televisor (ni hacer nada nuevo), a la siguiente, sin chocolate, sin el móvil... ¿Qué es realmente lo que nos satisface?

Una vez lo tenemos claro, hay que buscar la manera de compensar lo que sacrificamos con una alternativa lo más parecida a lo que hacemos ahora:

- Si lo que disfrutamos es ver una serie, una opción puede ser elegir series con capítulos más cortos.

- Si lo que nos agrada es la sensación de quedarnos dormidos lentamente, escuchar un podcast de relajación en la cama podría ayudarnos.

- Si valoramos las conversaciones con nuestra pareja, podríamos adelantar ese momento llamándola durante el trayecto de vuelta a casa.

De ese modo o estamos eliminando el hábito por completo, sino ajustándolo para que nos beneficie.

# 6. Qué es un hábito SMART

Los HÁBITOS SMART se inspiran en el concepto de objetivos S.M.A.R.T., del que ya he hablado en mis libros, pero aplicados de manera específica al desarrollo de hábitos. La palabra «SMART» (que en inglés significa listo o inteligente) es un acrónimo que señala 5 aspectos clave para que un objetivo sea posible:

- S por *Specific* (específico).
- M por *Measurable* (medible).
- A por *Achievable* (alcanzable).
- R por *Relevant* (relevante).
- T por *Time-Bound* (definido en el tiempo).

Así, si pasamos este concepto al mundo de los hábitos, tenemos que los hábitos SMART deben ser acciones que integramos en nuestra rutina y que presentan estas mismas 5 características. Vamos a verlas con más detalle:

1. Hábitos Específicos (Specific)

Un hábito SMART comienza por ser específico. Un hábito impreciso o demasiado general es como un destino sin mapa; sabes dónde quieres llegar, pero no sabes el camino. Por ejemplo: «hacer más ejercicio» es un hábito poco específico. «Caminar 30 minutos antes de la cena, cada día de domingo a viernes» es un hábito específico porque define qué tipo de ejercicio es, cuánto tiempo dura y con qué frecuencia se hace. Esta especificidad elimina la ambigüedad y brinda un marco claro de lo que necesitas hacer sin tener que tomar decisiones añadidas.

2. Hábitos Medibles (Measurable)

La posibilidad de medir un hábito es esencial para monitorear su integración en tu vida. Si no puedes medirlo, ¿cómo sabrás si estás progresando? Siguiendo con el ejemplo anterior, una forma de medir el hábito sería llevar un registro de todos los días en los que caminas los 30 minutos planificados. Esto te permitirá evaluar tu consistencia y realizar los ajustes necesarios en caso necesario (por ejemplo, dejar libres los martes porque te es muy difícil cumplir ese día).

3. Hábitos Alcanzables (Achievable)

Un hábito debe ser viable y alcanzable. Fijar metas demasiado ambiciosas puede generar frustración y provocar el abandono del hábito. Por ejemplo, si ahora mismo no haces mucho ejercicio, proponerte correr un maratón en un mes no sería realista. En cambio, caminar 30 minutos al día es un objetivo factible y, por lo tanto, tendrás más probabilidades de mantenerlo en el tiempo.

4. Hábitos Relevantes (Relevant)

Para que sean efectivos, el por qué de tus hábitos debe ser importante para ti y estar alineado con tus metas y valores personales. Por ejemplo, si valoras pasar tiempo con tu familia, un hábito como «caminar 30 minutos al día con mi pareja» no solo contribuye al bienestar físico, sino que también fortalece la relación de pareja, ajustándose a lo que importa en tu vida.

5. Hábitos Temporales (Time-bound)

Por último, un hábito SMART incluye una dimensión temporal, lo que implica establecer un período específico para conseguir lo que te hayas propuesto con ese hábito. Siguiendo con el ejemplo de caminar, tal vez te hayas propuesto perder un par de kilos en dos meses, o recorrer 100 kilómetros en 30 días. Esto te brinda la oportunidad de celebrar tus logros, reflexionar sobre los obstáculos que has encontrado y realizar los ajustes que consideres necesarios.

## Aplicando los Hábitos SMART al campo financiero

Los hábitos SMART va más allá de ser una simple herramienta: implican un cambio de perspectiva. Esto requiere un compromiso incondicional con tus objetivos. Comienza por identificar un aspecto de tu situación financiera que desees mejorar. Desde allí, crea un hábito SMART que se alinee con esa necesidad u objetivo.

Por ejemplo: para final de año te has propuesto ahorrar 6.000 €. Ese es el objetivo. Pero para lograrlo, debes hacer ajustes para que, a final de mes, te queden, como mínimo, 500 €. ¿Qué hábitos nuevos deberías introducir en tu vida para ir reuniendo, poco a poco, ese dinero extra que ahora mismo te gastas?

Brian Tracy subraya la relevancia de plasmar la meta por escrito, elaborar un plan de acción para alcanzarla y fijar plazos. Eso significa pensar en hábitos que nos lleven a ese ahorro gradual. Si tenemos por costumbre comer fuera cada domingo, tal vez habituarnos a comer en casa la mitad de esos domingos pueda convertirse en un hábito SMART. Si vamos en coche al trabajo, aparcar antes de llegar y hacer el último kilómetro andando supondrá, al cabo de un año, un ahorro de 500 kilómetros (2 kilómetros andando cada día, uno de ida y uno de vuelta, por los 250 días laborables de un año aproximadamente, son 500. Si gastamos 12 € en gasolina cada 100 kilómetros, cada año ahorraremos 60 €. No es mucho, pero todo suma.

Lo importante es comprometerse con los hábitos seleccionados. Por otro lado, es importante recordar que no dominamos las fuerzas del universo. Debemos aceptar que no siempre tendremos el control de todo y que la perfección no existe en este mundo. Así que hay que estar comprometido, pero también mantener una actitud flexible cuando los resultados no son los esperados, a pesar del esfuerzo. Es más importante el camino que recorres que el destino.

# 7. El poder de las pequeñas acciones

Para lograr tus metas no necesitas sacrificar todo tu tiempo, ni tu energía, ni tu dinero. Tan solo realizar un pequeño gesto cada día. Un pequeño gesto que apenas requiere esfuerzo, pero que debes integrar en tu vida para siempre (o hasta nueva orden).

Los expertos en formación de hábitos están de acuerdo en que es preferible concentrarse en gestos pequeños y rutinarios en lugar de hacer cambios radicales. ¿La razón? Estos pequeños actos no alteran tu funcionamiento, pero adquieren una gran fuerza cuando se repiten con regularidad.

Por ejemplo: si queremos habituarnos a hacer flexiones, podemos empezar con dos abdominales al día (¡solo dos!) y, una vez habituados (es decir: hechos al hábito), podemos aumentar el número de abdominales diarios. El truco está en que requieran muy poca fuerza de voluntad por nuestra parte.

## Los hábitos se basan en mini hábitos

La unidad de medida de un hábito es el mini hábito. Igual que un metro está hecho de centímetros, un hábito está hecho de mini hábitos. Por ejemplo: el hábito de desayunar está compuesto por más de una docena de mini hábitos consecutivos en torno al café, la tostada, los cereales, el azúcar, etc. Eliminar el hábito de desayunar para ganar tiempo puede ser muy duro (y poco saludable, aquí lo tratamos solo como ejemplo); pero si nos proponemos acortar el tiempo de desayuno en 5 minutos, puede funcionar. Así que se trataría de modificar uno de los mini hábitos que conforman el proceso de desayunar, por ejemplo, tomar solo una taza de té en vez de dos.

Lo importante es que sean pasos y acciones breves y que no nos suponga un gran sacrificio hacerlos cada día.

## ¿Qué características tiene un mini hábito?

Siguiendo la definición de Stephen Guise[1], un mini hábito:

- Requiere poca fuerza de voluntad, con lo que es fácil «engañar» a nuestra resistencia.
- Crea rutina fácilmente porque se inserta en rutinas ya conocidas.
- Provoca que, de forma natural, nosotros mismos acabemos haciendo más de «lo que toca». Si nos proponemos ahorrar 5 € cada semana en cafés de cafeterías, pronto estaremos dispuestos a ahorrar más de 5 €; en cambio, si nos obligamos a ahorrar 200 € a la semana de un día para otro, a la segunda semana habremos abandonado.
- Dan poco margen al fracaso. No hay muchas posibilidades de fracasar en ahorrar 5 € a la semana.

---

1. Stephen Guise es licenciado en finanzas y autor de libros divulgativos sobre hábitos y productividad.

De ese modo, fortalecen nuestra autoconfianza. En vez de «actos de fe en el futuro», los mini hábitos se convierten en pruebas irrefutables.

- Permiten adoptar desafíos mayores con el tiempo. Si logramos realizar esa pequeñísima acción de forma regular, significa que ya estamos preparados para un poquito más.

# 8. La importancia de tener un porqué

El camino hacia la creación de hábitos eficaces y la mejora personal es, en esencia, una experiencia vital. En este recorrido, la clave no es solo establecer metas, sino comprender el "porqué" detrás de ellas. Este "porqué" se convierte en la fuerza que alimenta nuestra motivación y refuerza nuestra voluntad.

La fuerza de voluntad es esencial, la claridad del objetivo y del plan de acción son imprescindibles, la motivación, muy importante, pero falta una cosa más: el porqué. Tener un porqué claro y personal es lo que nos mantiene enfocados en nuestros objetivos, especialmente cuando surgen dudas o momentos de flaqueza. En días de baja motivación, recordar esa razón que nos hizo comenzar será la chispa que nos reactive. Cuando la voluntad decae ante las tentaciones, el porqué nos recuerda lo que realmente importa, ayudándonos a mantenernos firmes en nuestros propósitos.

Para encontrar este porqué, pregúntate qué te aporta lograr ese hábito en este momento de tu vida y por qué es importante para ti. Visualiza cómo te sentirás al lograrlo y cómo afectará positivamente a tu vida. Este proceso de reflexión te proporcionará una motivación sólida y duradera, asegurando que el hábito que elijas tenga una relevancia real y personal para ti.

## Por qué hacemos lo que hacemos

El porqué no es simplemente una razón lógica que respalda nuestras metas; es una narrativa emocional que conecta con nuestras metas y aspiraciones vitales. Si, por ejemplo, nuestro objetivo es integrar hábitos de ejercicio, el "porqué" podría estar motivado por el deseo de vivir más tiempo y con mayor calidad para disfrutar de la vida. Si queremos tener más dinero, ese porqué debe estar vinculado a una existencia más rica y con más propósito.

Cuando alineamos nuestro porqué con la adopción de nuevos hábitos, cada paso que damos cobra mayor significado y propósito. Cada pequeño gesto, cada acción diaria, se convierte en una manifestación concreta de ese porqué, fortaleciendo nuestra voluntad y nuestra capacidad para perseverar. De este modo, al empezar a construir y mantener hábitos nuevos, es esencial mantener siempre en mente el porqué final. Es este porqué el que transforma el proceso de formar hábitos en algo más que un simple ejercicio de disciplina, convirtiéndolo en una experiencia de autodescubrimiento y crecimiento personal.

## El porqué alimenta la motivación y la disciplina

Para convertir nuestros nuevos compromisos financieros en hábitos son necesarios dos elementos: MOTIVACIÓN y DISCIPLINA. Ambos se alimentan de ese porqué último y profundo.

- La **motivación** es el impulso interno que nos mueve a actuar en función de un objetivo. Esa motivación juega un papel crucial al iniciar un nuevo hábito, pero no es suficiente para sostenerlo a largo plazo: en los momentos en que la motivación falla (en que nos *desmotivamos*), necesitamos apoyarnos en otras cosas, como la fuerza de voluntad o los sistemas de apoyo, la planificación, los recordatorios y la creación de un entorno favorable que facilite la continuidad de esos hábitos. Ahí entra la disciplina.

- La **disciplina** va de actuar conforme a una decisión tomada de antemano y no de acuerdo a los sentimientos que nos surjan en el momento de la acción ni a las «ganas» que podamos tener. La disciplina va ligada a un compromiso adquirido y no al deseo de un objetivo futuro. La (auto)disciplina es lo que utilizamos para transformar una decisión consciente y voluntaria (por ejemplo, guardar las monedas sueltas que sobran al final del día en un frasco) en un hábito automático que llevamos a cabo sin necesidad de pensarlo.

Debemos desarrollar la disciplina para:

- Evitar abandonar cuando la motivación inicial desaparezca.

- Evitar buscar gratificaciones inmediatas cuando los resultados se hacen esperar.

- Enfocarnos en el compromiso adquirido con nuestro porqué.

La motivación es básica, pero es volátil, porque se genera desde nuestra parte emocional y depende de factores circunstanciales y sociales. La disciplina, en cambio, es impermeable: solo responde a la razón y al compromiso, al margen de cómo nos sintamos a cada momento o de lo que suceda a nuestro alrededor. Como ya he dicho, ambas son necesarias: es muy difícil entrenar nuestra disciplina sin una motivación inicial, y es muy difícil confiar nuestros propósitos solo a la motivación, porque esta puede apagarse antes de tiempo. Usando una metáfora financiera, la motivación es la ilusión con la que abrimos la nueva cuenta de ahorro, mientras que la disciplina es lo que permite añadir dinero regularmente pase lo que pase.

# BLOQUE 3: HÁBITOS FINANCIEROS CORRECTOS

# I. El hábito de AHORRAR bien

A todos nos ha pasado: revisamos nuestros gastos y nuestros ingresos y llegamos a la conclusión de que, ahora mismo, no podemos recortar gastos por ningún lado. ¿Y sabes qué? No es cierto. Siempre se puede rascar de algún sitio.

Para empezar, hay que lograr vivir con el 90% o el 80% del dinero que ingresamos cada mes. Es decir: aprender a vivir por debajo de las posibilidades reales (si ahora mismo no te lo puedes permitir, asegúrate de que, cuando aumentes tus ingresos, tu tren de vida va a quedarse donde está ahora en vez de subir automáticamente y gastarte el 100% como ahora).

¿Qué hacemos con ese dinero ahorrado? Lo primero, un fondo de emergencias.

## El fondo de emergencias

Llamamos fondo de emergencias a una reserva de dinero destinada exclusivamente a cubrir gastos inesperados o situaciones extraordinarias. Por ejemplo: si hay fuertes inundaciones en nuestra localidad, tal vez perdamos el coche o tengamos que abandonar nuestro hogar por un tiempo, o hacer reparaciones de urgencias. Es posible que todo eso lo cubra posteriormente el seguro, pero a veces hay que adelantar ese dinero. Si no disponemos de un fondo de emergencias, quizás tenemos que recurrir a préstamos o sacar el dinero de alguna cuenta con penalización por cancelación.

¿De cuánto debe ser el fondo de emergencias? El fondo de emergencias debe equivaler a cubrir 6 meses de los gastos fijos habituales sin contar ningún ingreso y no se debe tocar. Aunque es normal tener la tentación de invertir ese dinero para que «crezca», es crucial mantener ese fondo de emergencia tal cual, siempre a mano.

## El asunto de los seguros

Como ya sabrás, la industria de los seguros es un gigante que mueve mucho dinero. Y que todos necesitamos seguros, además de los obligatorios por ley, en función de nuestro estilo de vida o de los servicios públicos disponibles en nuestro país. Sin embargo, tal vez no necesita el mismo tipo de seguro de coche una persona que conduce 100 kilómetros cada día que alguien que usa el coche de forma ocasional algún fin de semana.

Por otro lado, muchos seguros están alentados por miedos injustificados. ¿Qué probabilidades reales hay de sufrir daños por caída de un asteroide? ¿Es inteligente pagar un seguro de protección del mueble de la TV durante 5 años?

Para no malgastar dinero en seguros, no solo hay que comparar los precios y la cobertura entre ellos; también hay que saber cuáles vamos a aprovechar casi con toda seguridad y cuáles, es muy improbable. La clave no es pensar si hay probabilidades (siempre las hay), sino qué probabilidades entran dentro de lo razonable para contratar esos seguros.

Cuando las probabilidades son razonablemente escasas, debemos prescindir de esos seguros. Por ejemplo, un seguro contra accidentes para nuestro ordenador portátil, un seguro para los aparatos en caso de tormenta eléctrica... Junto a ellos,

los seguros para deportes de aventura, seguros de caza o pesca, seguro antirrobo para nuestra bicicleta nueva... No se trata de si son seguros razonables, sino que tal vez debamos plantearnos dejar de practicar esas actividades por un tiempo si realmente queremos ahorrar.

## Tarifas planas y suscripciones

¿Qué tarifas planas estás pagando? ¿Cuántas veces has usado el servicio Premium de reparación de nevera que contrataste al comprarla?

En cuanto a las suscripciones de ocio: prioriza las que más uses y renuncia a las demás. Cancela tus suscripciones a plataformas de TV si tienes más de una. Quédate solo con una y cámbiala al año siguiente si no te convence. Cambia las aplicaciones móviles de pago por opciones gratuitas o más económicas.

## Ahorrar con cuentagotas

Ya hemos dicho que a menudo ahorrar tiene más relación con pequeños gestos regulares que con grandes sacrificios puntuales. Aquí te dejo algunas ideas que yo he convertido en hábitos, de manera que ya forman parte de mi funcionamiento:

**<u>En casa:</u>**

- Trata de realizar tú mismo las pequeñas reparaciones del hogar que no entren en el seguro. Hay muchos tutoriales gratuitos que explican cómo hacerlas.
- Vende todo lo que no uses regularmente. Si usas tu barbacoa un día al año o te haces un súper zumo de licuadora cada cuatro meses, considera vender esos aparatos. Para una barbacoa al año es preferible que la alquiles o que no la hagas (en eso consiste ahorrar).
- Plantéate dejar de usar trasteros de alquiler tipo Bluespace. La mayoría de la gente guarda cosas que no ha usado en los últimos 10 años. ¿Y sabes qué? Sale más rentable volver a comprar algo en el improbable caso de necesitarlo que pagar por guardar el viejo «por si acaso».
- Contempla la posibilidad de entrenar en casa en vez de pagar el gimnasio. Usa objetos domésticos y sigue

las rutinas de ejercicios en alguna aplicación gratuita.

- Instala aireadores en los grifos y cabezales de ducha de bajo consumo. Estos reducen el caudal de agua sin perder presión.

- Reduce las comidas a domicilio.

- Cocina en grandes cantidades y guarda porciones para otros días, así ahorras tiempo y dinero en alimentos preparados.

- Reutiliza. Convierte las toallas viejas en trapos, el exceso de tazas, en organizadores de escritorio, y las botellas de cristal vacías, en floreros. Afila los cuchillos en vez de comprar nuevos, reutiliza el papel de regalo y las bolsas.

- Alarga la vida de tus muebles y electrodomésticos haciendo un buen mantenimiento. En el caso de los muebles, cuando te canses de ellos, dales un cambio superficial (pintar, decapar, etc.), y distribúyelos de otro modo en casa en vez de comprar nuevos.

**En tu tiempo de ocio:**

- Reduce las salidas a restaurantes.
- Cuando vayas a un restaurante, si sobra comida o bebida, pide que te la envasen para llevártela.
- ¿Compras libros? Acostúmbrate a ir a la biblioteca o pídelos prestados y presta tú también los tuyos.
- Acostúmbrate a las actividades gratuitas de tu ciudad: conciertos, museos en días libres, rutas de senderismo, etc.
- Fidelízate a los servicios que uses regularmente para obtener ofertas y recompensas por ser cliente fijo.
- Deja de ir a los centros comerciales. Aunque parece más económico que otros planes, ir al centro comercial a ver tiendas, luego al cine con sus respectivos menús de refresco y palomitas y quedarte a cenar ES UN PASTÓN.
- Plantéate el tipo de viajes que haces. Aunque la oferta de hoteles de hoy en día es amplia y hay

muchas opciones asequibles, cualquier viaje implica muchísimos gastos «tontos» que no tiene que ver con la propia experiencia del viaje (por ejemplo, todo lo que gastas mientras esperas en el aeropuerto). Busca opciones de viaje baratas y evita los destinos de moda.

**En tu trabajo o durante tu jornada laboral:**

- Si usas un espacio de networking para trabajar, déjalo y móntate la oficina en casa.

- Si puedes, usa la bicicleta o el patinete eléctrico en lugar del coche. Ve a pie si la distancia te lo permite.

- Comparte coche con compañeros de trabajo o utiliza el transporte público.

- No gastes en snacks o desayunos por ahí. Te sorprenderá comprobar lo que ahorras eliminando los «breaks» en el bar. Acostúmbrate a llevar agua o un termo con bebidas allí donde vayas. Deja de consumir en todas partes.

**En tu cuenta corriente:**

- Automatiza un porcentaje de tu nómina, sueldo o ingresos para el ahorro, de modo que cuando cobres tu nómina o ingreso regular, ni siquiera veas ese porcentaje.

- Establece un plan de ahorro mensual y aumenta gradualmente la cantidad de ahorro (estrategia de incremento gradual).

- Si decides separar una cantidad de dinero manualmente, hazlo a principio de mes: a final de mes es más probable que no te quede nada.

## Técnica de las 52 semanas

Este método de ahorro consiste en ahorrar conscientemente cada semana e ir sumándole 1 € semanalmente. Por ejemplo: la primera semana, ahorramos 1 €. La segunda, 2 €. La tercera semana, 3 €. La cuarta semana, 4 €; la quinta, 5 €, etc. Al final de año habremos ahorrado 1.500 €.

## Técnica Kakebo

Este método consiste en apuntar en una libreta, a mano y conscientemente (con atención plena), cada uno de los gastos diarios. Con esta técnica aprendemos a ser más conscientes de nuestros gastos y ahorros, y a planificar de forma realista. La única regla es: «Los gastos deben ser menores que los ingresos».

# II. El hábito de vivir con PRESUPUESTOS

Otra cosa imprescindible para ahorrar es funcionar con presupuestos. Tanto para el día a día (yo recomiendo presupuestos mensuales), como para las vacaciones, las obras de renovación de la casa, una celebración, etc. Así que ten siempre un presupuesto para todo y no te salgas de él. Al comienzo, te equivocarás al diseñar tus presupuestos. Te quedarás corto o te pasarás en tus previsiones. Pero pronto empezarás a acertar y confiarás en tus cálculos. Ese es el objetivo.

Yo tengo un presupuesto mensual regular y un presupuesto anual para gastos elevados previstos en un horizonte más o menos cercano (viaje de vacaciones, desembolso fuerte para un coche, renovación de algo, etc.).

## Qué incluir en tu presupuesto mensual

Yo funciono con la regla del 50-20-20-10 %:

- 50 % de los ingresos para gastos obligatorios, inevitables y básicos.
- 20 % de los ingresos para ahorro.
- 20 % de los ingresos para gastos necesarios, pero variables.
- 10 % de los ingresos para gastos superfluos o discrecionales.

Por gastos obligatorios mensuales entendemos:

- La hipoteca o alquiler de la vivienda.
- El pago de los suministros –agua, luz, gas–.
- Las cuotas de los seguros.
- El pago de la comunidad o administración de fincas.

- Los impuestos.
- Las cuotas correspondientes de préstamos o tarjetas de débito.
- El transporte necesario (gasolina o transporte público).
- Comida y todo lo necesario para hacer funcionar la casa.

Por gastos necesarios pero variables, entendemos todos aquellos gastos que son importantes para nosotros, pero que se pueden sacrificar durante un tiempo en caso necesario:

- Todas las suscripciones: internet, móvil, televisión de pago, plataformas de música, gimnasio, clases de guitarra, etc.
- Seguros que no son obligatorios.
- Viajes, restaurantes, ropa, calzado.
- Servicios como limpieza a domicilio, gestoría, peluquería, etc.

Los gastos superfluos son todos aquellos que tenemos por pura inercia, y que responden más a caprichos, estados emocionales, antiguas costumbres, falta de disciplina, etc., que a beneficios reales:

- El desayuno en el bar de cada mañana.
- Las compras impulsivas y poco meditadas.
- Los servicios que aportan muy poco.
- Los excesos en salidas, tratamientos de belleza o de «salud»injustificados, equipamientos deportivos, restaurantes, escapadas de fin desemana, etc.

Para recortar, hay que empezar por estos gastos.

Por último, la diferencia entre un presupuesto mensual y unoanual es que en este último se incluyen gastos ocasionales que son importantes,pero que pueden esperar de un mes a otro: renovación de un electrodoméstico odel sofá, chapa y pintura del coche, mejoras en la casa, etc.

## La gestión de la deuda

El impulso consumista nos lleva a comprar mediante crédito ypréstamos, lo que lleva a los consumidores a endeudarse para comprar cosas queno son de primera necesidad. Por eso:

- Céntrate en pagar las deudas antes de invertir o usar másdinero.
- Prioriza las deudas cargadas con un interés más alto.
- Evita contraer nuevas deudas a menos que sean absolutamentenecesarias.
- Consolida deudas para obtener una tasa de interés más baja.
- Revisa y mejora tu puntaje de crédito regularmente.
- Usa el crédito de manera responsable, manteniendo un bajo índice de utilización.

# III. El hábito de COMPRAR de forma brillante

En muchos países occidentales, el consumo está impulsado por una alta disponibilidad de bienes y servicios, mientras que el marketing inculca la «necesidad» de adquirir cosas constantemente.

Yo empecé a comprar de forma inteligente cuando sustituí mentalmente el verbo «comprar» por «invertir». Así, dejé de *comprar* unas zapatillas nuevas para *invertir* en unas zapatillas nuevas. ¿Cuál es la diferencia? Que, ante una inversión, hay un proceso previo de reflexión y evaluación de los frutos a medio y largo plazo. Cada compra que hago, sea pequeña o grande, la planteo como una inversión en bienestar, desarrollo personal, mayor facilidad para realizar actividades importantes (futuras ganancias), etc. Te consejo que, si no estás seguro de esta relación, no lleves a cabo esa compra.

## «Lo último», esa estafa piramidal

Sabemos que tendemos a comprar más de lo que necesitamos, a menudo guiados por tendencias y modas:

- En ropa, la cultura del *fast fashion* nos lleva a renovar el armario cada temporada.
- En tecnología, los avances constantes y la obsolescencia programada fomentan la compra de bienes que se usan brevemente y luego se desechan.
- En bienestar y belleza, la publicidad nos bombardea con nuevos tratamientos y terapias, equipamientos deportivos, modalidades de fitness que hay que probar, etc.
- En salud y alimentación, siempre nos falta un complemento vitamínico, un alimento que se ha puesto de moda, un aparato de cocina imprescindible...

No estoy en contra del progreso ni de la evolución técnica en cualquier área de la vida. Pero debemos ser conscientes de que NO todo es imprescindible, ni estamos obligados a seguir todas las modas. Además, todo esto lleva a un alto volumen de producción y desechos absolutamente insostenible.

Vamos a ver qué podemos hacer para frenar la vorágine consumista sin renunciar a tener nuestros caprichos, la ropa a nuestro gusto y los servicios que realmente nos benefician.

## La regla de los 3-20-100 usos

Antes de comprar algo nuevo, pregúntate si puedes asegurarte al menos 3 ocasiones (o 20 o 100, en función de lo que sea), en las que vayas a usarlo. Por ejemplo: no te compres unos zapatos para el día a día si no los vas a usar por lo menos 100 veces. No te compres unos zapatos para eventos si no crees que vayas a usarlos en 20 ocasiones distintas, entre bodas y celebraciones.

## Hábitos para comprar mejor

**Medidas generales:**

- Antes de realizar cualquier compra significativa, comparar precios y buscar opiniones para asegurarte de obtener el mejor valor. Este hábito previene compras impulsivas y te ayuda a tomar decisiones más informadas.

- Adopta el desafío de no comprar NADA en una semana. Esta práctica te ayudará a ser consciente de los hábitos de gasto que tienes.

- Valor vs. costo. Evalúa las actividades recreativas y compras de ocio en términos de su valor y satisfacción a largo plazo en lugar de solo su costo inmediato.

- No compres barato (según que cosas). Si sabes que le vas a sacar mucho rendimiento, apuesta por comprar calidad. Te saldrá más barato a la larga.

- Evita las compras a crédito, los préstamos y la financiación con intereses. Es mejor que esperes a tener el dinero y pagar al contado.

- El dilema de los regalos. Con sinceridad: son muy pocas las ocasiones en que un regalo es exactamente lo que la persona que lo recibe necesitaba. Desde «escapadas románticas» a regalos que se compran casi por obligación, la mayoría no merecen lo que se ha pagado por ellos, ya que no se aprovechan. Es mejor acordar un tope de antemano, dar dinero o vales.

**Ropa y enseres personales:**

- Cuando sientas la tentación de comprar algo que NO necesitas por impulso, espera al menos 24 horas antes de lanzarte. A menudo, los artículos más «irresistibles», ya no lo parecen tanto al día siguiente.

- Repara tus zapatos antes de tirarlos y dales una segunda vuelta.

- Alarga la vida de tu ropa. Llévala a que te la arreglen, modifícala para darle «otro aire», etc.

- No tengas una gran variedad de complementos (por ejemplo, de cinturones), si puedes tener uno básico que combine con todo.

- Joyas «auténticas». Se dice que las joyas nunca pierden su valor. Pero no es cierto. Las perlas auténticas, por ejemplo, que en su día fueron artículos muy caros, hoy en día valen poco.

- Las compras como terapia. Es cierto que auto regalarnos algo cuando hemos tenido un mal día nos puede subir el ánimo. Pero no podemos usar esto como excusa para comprar, ni reconfortarnos siempre a base de gastar dinero.

- Establece un límite de gasto mensual en ropa / belleza / tecnología, etc. Fija un tope y no lo sobrepases.

**Las cosas del hogar:**

- Compra artículos reacondicionados en lugar de nuevos. Muchos dispositivos de segunda mano ofrecen la misma calidad a un precio reducido.

- Antes de comprar nuevas herramientas de bricolaje que vas a usar una vez al año, pídelas prestadas a algún vecino y ofrécete a prestar tú también lo que tienes. Haz lo mismo con libro, equipamiento deportivo esporádico, trajes para ocasiones especiales, etc.

- Ojo con los elementos decorativos. Aunque parecen

baratos, los objetos como velas, muñequitos, cajitas, marcos, imanes para la nevera, cestitas, macetas, cuencos decorativos, jarrones, cojines, figuritas, artesanía, tarjetas de felicitación, etc. son caros. ¡Y ya no digamos la decoración de Halloween o de Navidad! Reduce su compra, recicla de un año para otro y opta por habitaciones despejadas y con poca decoración.

- Organiza mercadillos regulares (por ejemplo, dos al año) entre amigos, vecinos, compañeros de trabajo, etc. Pueden ser de ropa, de herramientas y elementos de bricolaje, de equipamiento deportivo, de menaje de cocina, de juguetes, etc.

**Alimentación y limpieza:**

Aunque la comida obviamente es un producto de primera necesidad, hay formas de comprar más inteligentes que otras:

- Compra a granel. Fruta, verdura, frutos secos, etc., salen mucho más caros si ya vienen en unidades envasadas.

- Cuando se trata de alimentación, fíjate a cuánto sale el kilo. Por ejemplo, ciertas infusiones comunes, vendidas en bolsitas individuales, apenas cuestan 4 € el paquete, sin embargo, lo que estás pagando puede ser del orden de ¡¡200 € el kilo!!

- Compra en paquetes grandes y con menos embalaje. Es más barato en proporción.

- Renuncia a los alimentos con precios desorbitados. ¿Realmente necesitas azafrán para vivir? ¿Trufa blanca? ¿Carne de ternera Kobe? ¿Granos de café de Kopi Luwak?

- Cuando vayas al supermercado, cíñete a tu lista. ¡Y no vayas a comprar comida con hambre!

- Si hay una alternativa casera, fabrícala. Por ejemplo: productos de limpieza del hogar (el vinagre de toda la vida es una buena alternativa), mascarillas faciales que puedes hacer en casa, ciertos alimentos ultra procesados, como la bollería industrial, etc.

## El anzuelo de la «formación»

Nadie discute que una buena formación es importante a la hora de enfrentarte al mercado laboral. Pasar por la universidad, o por una buena escuela de la profesión que quieres desarrollar es una de las mejores inversiones que puedes hacer. Pero luego, pasados unos años, hay que ser muy prudente con la «formación continua», los másteres nuevos que salen cada año, los cursos online de cualquier *influencer*, las *masterclass*, los *webinars*, los millones de posgrados... En muchos casos, hay alternativas más económicas o incluso gratuitas de igual calidad en los contenidos.

## No compres en las rebajas

Ya sé que parece un disparate lo que acabas de leer. Pero déjame argumentarlo. Para empezar, no hay que comprar algo solo porque está de oferta. Que un artículo esté rebajado no es razón suficiente para adquirirlo.

Además, las campañas de rebajas (Black Friday, Cyber Monday, Rebajas de enero, Días de xx...), cada vez son más engañosas: lo único que hacen es rebajar unos precios que han ido subiendo en las semanas anteriores, o bien vender artículos de marcas más económicos como si fueran gangas, etc.

Cuando necesites algo, compara precios y tenlo localizado para pescarlo en el momento que más te convenga a ti.

## Frenar la inercia consumista

En países y culturas menos materialistas, se valora más la calidad de las experiencias compartidas, la conexión entre personas o el bienestar de la comunidad que la acumulación individual de bienes. No estaría más que aquí adoptáramos algo de su forma de pensar y de entender la vida. Así que aquí van algunas ideas:

- Priorizar experiencias y aprendizajes por encima de la adquisición de objetos.
- Priorizar relaciones personales auténticas y plenas por encima de compras y objetos.
- Valorar la autosuficiencia por encima de gastar en servicios que puedes hacer tú mismo/a. (Desde pintar tu casa hasta cocinar, hacer pequeñas reparaciones,

aprender algo por tu cuenta en lugar de pagar un curso, coser, teñirte el pelo, hacer la declaración de hacienda, etc.).

- Practicar el Minimalismo. Descubre la paz mental y la comodidad que aporta un piso despejado y con pocos muebles y objetos personales.

- Priorizar la sostenibilidad. Si estás concienciado/a con el respeto al medio ambiente y tomas medidas individuales al respeto, pronto verás que, como consecuencia, también ahorras dinero.

- Pon límites y aprende a decir «no» a compromisos sociales que involucren dinero. Aprender a decir no a eventos que no te aporten valor o que puedan comprometer tus objetivos financieros: un viaje en grupo, una boda, una competición deportiva cara, un plan de amigos que incluye gastar mucho dinero, etc.

- Las tres R: Reducir, Reusar, Reciclar. No cambies tu móvil, tu coche, tu sofá o tu bicicleta solo porque «ya tiene unos años». Si funciona, sigue en juego.

- Sustituye una de tus compras por una donación benéfica. Acostumbrarte a actividades filantrópicas o donaciones que estén alineadas con tus valores te ayudará a valorar más tu dinero y la importancia de no gastarlo tontamente.

- Practica la gratitud por lo que tienes. Dedicar tiempo a darte cuenta de lo que tienes y comparar tu situación con la de millones y millones de personas en el mundo te hará entender que tienes todo lo que otra persona sueña con tener algún día.

# IV. El hábito de la PROACTIVIDAD

Tu cerebro es tu verdadera máquina de hacer dinero. Así que, antes de poner tu dinero a trabajar, deberás poner tu cerebro a trabajar para conseguir capital. ¿Cómo se hace eso? Usando tu cerebro de la mejor forma posible.

La ruta más segura para ganar dinero con tu trabajo es encontrar el punto de cruce de tu intersección profesional / empresarial.

## Intersección profesional / empresarial

La intersección profesional / empresarial es el cruce de cuatro parámetros o conjuntos que comparten un espacio común. Se trata de ver qué hay en tu espacio común entre:

1. Lo que sabes hacer: En qué tiene conocimientos, habilidades o experiencia. En qué eres bueno, en qué tipo de trabajos destacas, etc.

2. Lo que necesita la gente a nivel de mercado: ¿Faltan informáticos en tu ciudad? ¿Tal vez un servicio de peluquería canina a domicilio? ¿Qué oportunidades hay, qué productos o servicios se necesitan?

3. Lo que te gusta hacer: Tal vez tu vocación es artística, tal vez siempre has soñado con dedicarte a algo en concreto. ¿Qué es?

4. Lo que puedes hacer: Si tu pasión es el surf, pero vives a miles de kilómetros de la costa, tal vez ahora mismo no puedes dedicarte a ello. Analiza de forma realista qué puedes hacer ahora mismo.

Te propongo que hagas el ejercicio de dibujar cuatro círculos grandes y coloques en cada uno de ellos las palabras relacionadas con cada punto. Luego, trata de encontrar puntos en común o modos de combinarlos.

**Fuentes de ingresos alternativas**

Si eres empleado y ya tienes una nómina segura, puedes plantearte hacer algo más con tu tiempo libre o de fin de semana. Por ejemplo:

- **Trabajo extra a tiempo parcial:** Puedes trabajar unas horas en otro sitio, o probar un pequeño negocio online desde tu casa, como consultor de tu especialidad profesional, etc.

- **Vende artículos que ya no necesitas.** Puedes incluso montar una pequeña tienda de compraventa de segunda mano.

- **Monetiza hobbies o habilidades personales.**

- Investiga y solicita **ayudas empresariales** y **subvenciones** que puedas aprovechar.

- Usa el tiempo libre para aprender a **mejorar tu productividad** (aprovechar mejor tu tiempo).

## Hábitos para mejorar tu productividad

El manejo eficiente del tiempo es uno de los hábitos más críticos que separan a las personas exitosas de las demás. Por eso, aprender a priorizar tareas, enfocarse en actividades de alto valor y eliminar el tiempo desperdiciado es clave. Vamos a ver cómo:

Hábitos de trabajo efectivos:

Los hábitos laborales eficientes no solo incrementan la productividad, sino que también fortalecen las relaciones profesionales, potencian la creatividad y facilitan la gestión del estrés. ¿Qué puedes hacer? Aquí van los 12 hábitos principales para aumentar tu productividad:

1. **Repasa tus obligaciones diarias antes de comenzar tu jornada:** Tómate unos minutos a primera hora para identificar tus metas diarias y asegurarte de que están priorizadas según su relevancia y urgencia.

2. **Define los 3 objetivos del día:** Antes de comenzar tu jornada, identifica los 3 objetivos principales que debes alcanzar ese día y asegúrate de tener claro cómo

cumplirlos. Si al final del día no logras completar todas las tareas previstas, es fundamental que al menos hayas terminado esas tres prioridades. Si no lo has conseguido, reflexiona sobre qué pudo haber fallado.

3. **Programa lo más importante para hacer en tus mejores horas:** Agenda tus reuniones, trabajo más importante y decisiones estratégicas para los momentos del día en los que te sientas más enérgico y concentrado.

4. **Sé organizado/a:** Mantener tu espacio de trabajo ordenado, tanto en el ámbito físico (oficina, taller, almacén, etc.) como en el digital (ordenador, archivos), es esencial para evitar distracciones, la pérdida de documentos y cometer errores.

5. **Reserva un rato concreto para los correos electrónicos:** La mayoría de los correos que recibimos no necesitan una respuesta al instante. Reserva un momento específico durante tu jornada para enviar y responder correos, y luego limita su revisión a una vez cada dos horas para evitar

interrupciones continuas.

6. **Reúne tareas similares:** Agrupa tareas similares en bloques de tiempo. Esta estrategia te permite abordar actividades que requieren el mismo enfoque, como realizar llamadas a clientes, gestionar pedidos a proveedores o revisar facturas.

7. **Agrupa las mini tareas:** De manera similar al hábito anterior, agrupa en un solo bloque todas las tareas que te lleven menos de 5 minutos y realízalas de forma consecutiva. Esto te permitirá ahorrar tiempo en interrupciones cuando estés en tareas más largas.

8. **Establece momentos de descanso y franjas para cada tarea:** Antes de empezar una nueva tarea, determina el tiempo que le dedicarás. Si es una actividad que requiere varias horas seguidas, aplica estrategias de concentración, como la técnica Pomodoro. Esta consiste en utilizar un temporizador para trabajar en intervalos, generalmente de 25 minutos, seguidos de 5 minutos de descanso. Esto te ayuda a mantener la mente fresca y evitar el

agotamiento.

9. **Separa trabajo de tiempo libre:** Define cuándo ha terminado tu jornada laboral y desconéctate del trabajo a partir de ese momento –a menos que haya una urgencia que justifique lo contrario. Eso te servirá para recargar energías en tus momentos de descanso.

10. **Reflexiona sobre tus logros y errores al final del día:** Reserva 10 minutos al concluir cada jornada para evaluar tus logros y los errores que pudiste cometer. Si necesitas corregir algún fallo, anótalo en tu agenda para el día siguiente. Este ejercicio te ayudará a aprender de tus experiencias.

11. **Planifica el día siguiente:** Antes de finalizar tu jornada laboral, dedica los últimos 5 minutos a organizar las tareas que debes realizar al día siguiente.

12. **Organiza tus tareas excepcionales al inicio de cada mes:** Al comenzar un nuevo mes, revisa las tareas excepcionales, como el pago de impuestos trimestrales, las visitas médicas, las gestiones previas a

un viaje de trabajo, etc.

# V. El hábito de EDUCARNOS financieramente

Cuando empecé a interesarme por las finanzas más allá de lo que respectaba a mi sueldo y mis gastos, me abrumó la ingente cantidad de conceptos financieros que existían: inflación, ratio de liquidez, pasivo corriente, activo corriente, solvencia de capacidad, solvencia de puntualidad, peso, volumen, apalancamiento financiero, inversiones estáticas, empresas gacela, empresas chicharro, *paybacks*, *Cash Flow* Libres, TIN, TAE, BNPL, ROE, ROA, CET1, LCR, LTD, VAN, TIR[1]... ¡Era un idioma nuevo y totalmente desconocido para mí!

1. Significado de las siglas: TIN es Tasa de Interés Nominal, TAE es Tasa Anual Equivalente, BNPL es *Buy Now Pay Later*, ROE es *Return On Equity*, ROA es *Return On Assets*, CET1 es Ratio por capital, LCR es *Liquidity Coverage Ratio*, LTD es *Loan To Deposit*, VAN es Valor Actual Neto y TIR es Tasa Interna de Retorno.

También me preocupó que la información provenía de miles de fuentes distintas, no todas fiables. Tuve que realizar un notable trabajo de selección de contenidos rigurosos y actualizados para antes de empezar a mover ficha.

Lo que pronto descubrí es que todo el mundo financiero gira en torno a un concepto principal: el activo.

## ¿Qué son los activos?

Los activos son cualquier elemento reconocido que otorga al propietario la opción de recibir dinero a cambio. Son activos el propio dinero en efectivo, las acciones de una empresa, la propiedad de un piso, etc.

Los activos se clasifican en **reales, financieros** o **intangibles**. A continuación, los repasamos:

## Activos reales

Los activos reales son bienes tangibles cuyo valor proviene del uso o disfrute de sus características físicas, por ejemplo, un piso. Su mayor ventaja es que normalmente suben al ritmo de la inflación. Es decir, que, al subir el coste de la vida, sube también su valor. Su principal desventaja es que son poco líquidos, es decir, que no pueden transformarse en dinero en efectivo de un día para otro. Son activos reales:

**Las materias primas:** Son los materiales de origen natural que usamos para la industria y la energía. Pueden ser fósiles (petróleo, gas, carbón), metálicos (oro, plata, hierro, cobre), agrícolas (trigo, soja, azúcar, maíz), textiles (algodón, lana), etc.

**Los inmuebles:** Pisos, edificios, locales comerciales, plazas de aparcamiento, granjas, suelo edificable, naves comerciales, etc. Su valor y su capacidad de liquidez varían según la ubicación, características y precio del inmueble, pero tienden a ir de la mano con la subida del coste de la vida.

**Los terrenos:** Son otro tipo de activo inmobiliario que requiere poco mantenimiento y tienden a preservar su valor con el tiempo, aunque no siempre es así (depende de su ubicación, de sus opciones de explotación, etc.).

**Las grandes infraestructuras:** Aeropuertos, puertos, peajes, edificios públicos, transporte ferroviario, parques eólicos, embalses, sistemas de telecomunicaciones, etc.

**Todas las mercancías:** Desde pianos hasta medicamentos, cualquier cosa que tenga valor en el mercado. En este caso, son activos reales a corto plazo, ya que tienden a perder valor con el tiempo y no suelen utilizarse para invertir sino para su uso: vehículos, equipos informáticos, electrodomésticos, animales, muebles, etc.

**La maquinaria:** Agrícola, industrial, para minería, construcción, industria química, etc.

**El oro:** Hasta hace relativamente poco, el oro y la plata eran considerados dinero y aceptados en los bancos. Cuando se eliminó esta conversión, el oro empezó a perder parte de su capacidad de liquidez (de volverse dinero en efectivo), pero sigue siendo un activo seguro, especialmente cuando sube la inflación.

Otros activos reales como el **arte**, los **objetos de coleccionismo** o los **recursos naturales.**

## Activos financieros

Los activos financieros son propiedades no físicas cuyo valor se especifica por derecho contractual. Estos activos pueden tener forma física, como un billete de dólar o un certificado de bono, o no ser físicos, como una cuenta del mercado monetario o un fondo mutuo. Son activos financieros:

- Acciones.
- Bonos.
- Fondos mutuos.
- Depósitos bancarios.
- Cuentas de inversión.
- Dinero en efectivo.

- Criptomonedas (*bitcoin, ether*) y divisas digitales[2].

## Activos intangibles

Son propiedades cuyo valor no es físico y cuyo cambio por dinero es muy volátil. Por ejemplo: la buena reputación de una marca puede ser un activo tangible de esa empresa; igual que la popularidad de una *influencer* que vende productos de belleza en Instagram, aunque ese valor es difícil de medir en dinero.

Principales activos intangibles:

- Patentes.
- Derechos de autor.

---

2. Las criptomonedas como el *bitcoin* son monedas digitales que fluctúan en un circuito cerrado y al margen de las monedas oficiales de los estados reconocidos. A día de hoy, las criptomonedas no tienen consideración de moneda de pago reconocida porque no cuentan con el respaldo de ningún banco oficial ni cuentan con medidas de protección al cliente. Es como si se decidiera que, a partir de ahora, los botones son monedas. El sistema funcionará si todos reconozcamos los botones como moneda dentro de ese circuito.

- Reconocimiento de marca (reputación, popularidad, etc.).
- Marcas registradas.
- Propiedad intelectual.

Estos activos son poco interesantes para nosotros, ya que nuestro objetivo es adoptar hábitos que nos lleven al desahogo financiero, no crear ninguna empresa. Por eso solo los mencionamos.

## Los activos según su grado de liquidez

Ya hemos mencionado que algunos de estos activos pueden convertirse en dinero líquido de forma inmediata (por ejemplo, un coche que vendemos de segunda mano); y que otros son más abstractos y están sujetos a un proceso bursátil, mercantil, etc.

Se denominan **activos líquidos** a aquellos que pueden convertirse en dinero efectivo en un periodo inferior al año sin pérdida de su valor. En orden de mayor a menor liquidez, es decir, de su capacidad de convertirse en dinero de forma más o menos rápida, estos son los principales activos financieros:

- **Efectivo:** Es el activo con mayor liquidez disponible. Se trata del dinero que se encuentra depositado en cuentas bancarias, en caja o en nuestro bolsillo, y puede utilizarse para pagar bienes de manera directa.

- **Acciones:** Son participaciones en el capital de una sociedad anónima sujetos a las variaciones del mercado. Su liquidez es inmediata, ya que pueden venderse en cualquier momento al valor establecido por el mercado, aunque esto puede implicar fluctuaciones en su precio.

- **Fondos de inversión:** También tienen la posibilidad de comprarse y venderse en cualquier momento. Sin embargo, convertirlos en efectivo puede llevar algunos días, debido a los trámites y a que requiere que el fondo tenga liquidez suficiente para pagar en ese momento.

- **Bonos del Estado:** Estos corresponden a la deuda

emitida por un país. Funcionan como títulos de deuda, por lo que el inversor se convierte en acreedor del gobierno. La inversión se recupera al vencimiento del bono, que puede tener plazos variados (18 meses, 3 años, 30 años, etc.), o al venderlos.

- **Planes de pensiones:** Son el instrumento financiero con menor liquidez. La legislación solo permite el retiro del dinero en el momento de la jubilación o bajo ciertas circunstancias especiales, como invalidez permanente, desempleo prolongado o desalojo. No es posible acceder al dinero a demanda, ni existe un mercado secundario para liquidar las posiciones.

Aprendidos estos primeros conceptos, el mundo de las finanzas se vuelve más complejo a medida que nos adentramos en él. Por eso, es buena idea recibir educación financiera.

## Hábitos de educación financiera

Llamamos «educación financiera» al proceso de aprendizaje con el que inversores y consumidores de cualquier nivel mejoran su comprensión de las finanzas y de los riesgos asociados al hecho de mover su dinero con el fin de que crezca.

La educación financiera tiene una base teórica pero, sobre todo, se orienta a la toma de decisiones. Se trata de un aprendizaje que culmina en una serie de conductas. Por ese motivo, porque se dirige a las conductas, la educación financiera también se sostiene sobre hábitos.

A continuación, repasamos una serie de acciones dirigidas a generar el hábito de educarnos en finanzas:

- Seguir un curso de finanzas personales impartido por alguna escuela de negocios oficial o reconocida.
- Leer regularmente periódicos, libros y blogs sobre finanzas personales y economía.
- Aprender a manejar los principales softwares financieros.
- Aprender a manejar los monederos digitales.
- Leer y entender la letra pequeña de cualquier contrato, desde un seguro de hogar hasta un sorteo.

- No seguir nunca los consejos de desconocidos o de «gurús» de la economía que acaban de llegar.

- Ojo con ciertos *brókeres* que actúan como intermediarios entre tu dinero y tus futuros beneficios: los profesionales serios pueden aportarte beneficios, pero los incompetentes solo te darán malas noticias.

- Mantenerse atento/a a las estafas económicas.

- Rodearse de personas con hábitos financieros saludables que puedan ofrecer consejos, apoyo y motivación para alcanzar objetivos financieros.

- No esconder información, pero no sobre explicar a gente que no es de tu círculo más íntimo tus decisiones financieras.

- No contar con lo que aún no se tiene. ¿Recuerdas el cuento de la lechera? Pues eso.

- Aprender un nuevo término o concepto financiero cada día.

- Dedicar 10 minutos al día a leer un artículo, blog o libro sobre finanzas personales o inversión de una fuente o editorial fiable.

- Cambiar la mentalidad. El dinero trabaja ti, no al revés. Hay que ver el dinero como un aliado que puedes poner a trabajar a través de inversiones, ahorro y estrategias financieras inteligentes, no algo a lo que debes tu vida.

# VI. El hábito de INVERTIR sin riesgos

¿Por qué invertir? ¿Por qué no podemos simplemente no tocar el dinero ahorrado y ya está?

Es una buena pregunta. La respuesta es que, si simplemente apartamos dinero y no lo hacemos crecer, ese dinero pierde poder adquisitivo. Sube la inflación («la vida»), sube el IPC y nuestro dinero ya no es el que era. Por eso hay que hacerlo crecer, como mínimo, al ritmo que crece el valor de la vida.

Por otro lado, debemos recordar que la mayoría de las inversiones conlleva riesgos. Por eso es importante hacer una investigación previa y, a veces, consultar a un asesor financiero antes de tomar decisiones. La clave es comenzar con pequeños pasos, ser consistente y ajustar la estrategia a medida que crece nuestro capital.

# ¿Por dónde empiezo?

Sin duda, por inversiones de bajo riesgo.

Una inversión de bajo riesgo es una inversión donde es muy improbable que pierdas dinero. Son, por ejemplo, las que están protegidas por el Fondo de Garantía de Depósitos del país de la entidad bancaria, que asegura los primeros 100.000 € por titular y entidad.

En las inversiones de bajo riesgo sueles saber de antemano cuánto dinero cobrarás, o te permiten rastrear sus fluctuaciones con facilidad. Es una buena forma de empezar a familiarizarte con el mercado y tomar seguridad para los pasos siguientes.

Ejemplos de inversiones de bajo riesgo:

- **Letras del Tesoro y Bonos gubernamentales:** Ya hemos dicho que son activos de deuda pública y se pueden adquirir directamente desde la web del propio gobierno o a través de un bróker. Entre otras ventajas, sabemos de antemano cuánto ganaremos y cuándo, y nuestro capital está siempre garantizado. Como desventaja, ganaremos poco.

- **Depósitos bancarios a plazo fijo:** En este caso, el banco garantiza el retorno íntegro de nuestro capital además de cierta cantidad extra (el interés), que también sabemos de antemano. Aunque el retorno es modesto, el riesgo es bajo y el acceso al dinero es fácil.

- **Planes de pensiones:** Muchos países ofrecen incentivos fiscales si ahorras para la jubilación. Esta contribución suele reducir tus impuestos y te da intereses. Como desventaja, no puedes tocar el dinero hasta que te jubiles.

- **Algunas cuentas de ahorro remuneradas o de alto rendimiento:** Están pensadas para generar mayor rentabilidad en comparación con las cuentas de ahorro tradicionales. Suelen ser seguras, aunque hay que leerse la «letra pequeña» para confirmar que no van a penalizarnos por falta de operaciones, cancelación antes de tiempo, etc.

## Primeros fondos de inversión:

Si dispones de cierto capital y tienes algo de experiencia en el sector, puedes mirarte algunos fondos de inversión. Algunos apenas conllevan comisiones y son bastante seguros (recuerda que siempre puede haber sorpresas).

- **Fondos de inversión garantizados:** Al igual que los depósitos a plazo fijo, los fondos de inversión garantizados ofrecen la seguridad de recuperar la totalidad de la inversión inicial y, presumiblemente, un poco de rentabilidad. El requisito es mantener la inversión hasta la fecha de vencimiento.

- **Fondos indexados:** Estos fondos replican la evolución de un índice bursátil (como el IBEX 35), y son una opción accesible para inversores con poco capital. Su mayor ventaja es que las comisiones que cobran los *brókeres* por gestionarlos son bajas. Su condicionante, que dependen únicamente del índice que replican, ningún otro, vaya bien o mal.

- ETFs *(Exchange Traded Fund)*: Los ETFs también

son fondos (dinero) que «prestamos» a una empresa o grupo de empresas que cotizan en bolsa. Igual que los anteriores, pueden tener costos bajos y son adecuados para inversiones pequeñas. Su diferencia respecto a los fondos indexados está en que esos solo «validan» un precio al día (el momento en que se fija el precio para todas las compras y ventas), mientras que los ETFs pueden comprar y venderse en cualquier momento. También hay diferencias entre los impuestos que acarrean.

## **Micro inversiones** online

A día de hoy, puedes invertir 500 € en una empresa situada a miles de kilómetros de ti y rastrear los resultados a través del móvil: existen aplicaciones que permiten invertir en todo tipo de proyectos, desde construcción hasta arte, con cantidades pequeñas y al margen de entidades bancarias. Estas micro inversiones ofrecen una rentabilidad pequeña, pero con resultado a corto plazo.

Algunas aplicaciones de móvil incluso permiten redondear el precio de una compra y utilizar el pequeño margen para invertir.

## Inversiones de alto riesgo

- Las plataformas *online* «misteriosas» que ofrecen servicios automatizados de inversión y compra de acciones. Si no están vinculadas a ningún banco o entidad seria, si no llevan años de recorrido, si no tienen unas oficinas físicas o un registro mercantil, si no ofrecen indicaciones claras del posible riesgo, si no hay documentos de por medio, si ofrecen una rentabilidad sospechosamente atractiva... No te arriesgues.

- El *crowdfunding* inmobiliario: A través de intermediarios, puedes ser mecenas de proyectos inmobiliarios que están en fase de inicio o aprobación, ya sea en tu país o en la otra punta del mundo. Como en el caso anterior, hay que estar atentos a la letra pequeña y a la publicidad engañosa.

- Los negocios de amigos que te piden participar. Huye de todo lo que huela a estructura piramidal o «colegueo» si no va respaldado por un plan serio y por profesionales.

- Plataformas de inversión en *startups:* En este caso, al margen de posibles estafas, el riesgo está en el éxito o fracaso de la empresa emergente. Si tiene éxito, podrías obtener una buena rentabilidad, pero si fracasan, perderás tu dinero.

- Criptomonedas: Ya hemos hablado de qué son y de sus riesgos.

## Una palabra clave: diversificación

La diversificación es una estrategia que consiste en repartir el capital que se va a invertir entre diferentes tipos de activos que tengan un comportamiento diferente ante los cambios del mercado. De esta forma, se reduce el riesgo de perder todo el dinero si uno de los activos se devalúa.

Es aconsejable diversificar:

- Por países. Por ejemplo, comprar Bonos del Estado de un país europeo que no sea el nuestro.

- Por tipo de actividad económica. Sector energético, bancario, sanitario, inmobiliario, farmacéutico, industrial, etc.

- Por tipo de activo: Bonos, depósitos a plazo fijo, acciones en empresas privadas, acciones del mercado monetario, etc.

- Por nivel de riesgo. Si somos conservadores, decantaremos la balanza hacia activos más seguros, y si nos podemos permitir arriesgar capital, apostaremos por productos más volátiles, a riesgo de ganar o perder mucho más.

## Riesgo específico y riesgo sistémico

Cualquier inversión conlleva un mínimo de riesgo. Este riesgo puede ser cercano a 0 (por ejemplo, en operaciones garantizadas por el gobierno o por organismos oficiales), o muy alto, como en el caso de mercados emergentes, inversiones basadas en la especulación, criptomonedas, etc.

Para minimizar el riesgo de perder dinero, no basta con comprar acciones de diferentes empresas o bonos de diferentes mercados, o descartar el alto riesgo. También hay que tener en cuenta dos tipos de riesgo: el **riesgo sistémico** y el **riesgo específico.**

- El riesgo sistémico es el que afecta a todos los activos de una misma categoría, como una crisis económica, una guerra o una pandemia.
- El riesgo específico es el que depende de las características propias de cada activo, como la gestión de la empresa, la calidad del producto o la competencia del sector.

Por último, para evaluar el riesgo hay que tener en cuenta la situación personal. No es lo mismo perder 1.000 € cuando se tiene 1 millón que cuando apenas se llega a fin de mes.

## Un último concepto: los MSCI

Aunque, cuando empieces a crear tus primeros fondos, tú mismo/a te crearás tu propio «diccionario» de términos financieros, déjame mencionarte este, que vas a necesitar sí o sí cuando te sumerjas en este mundo.

Los índices MSCI son una de las referencias más importantes de la industria financiera actual. Permiten seguir la evolución de los mercados y comprobar el resultado de las propias decisiones. ¿Qué son?

Son índices elaborados por la empresa MSCI Inc. (de ahí sus siglas, que corresponden a Morgan Stanley Capital International). Están compuestos por una serie de valores de referencia que, en su conjunto, reflejan la evolución de los mercados del mundo: el estadounidense, el japonés, el europeo y el global, entre otros.

La selección de los valores que componen cada uno de estos indicadores se realiza analizando automáticamente miles de datos de grandes empresas y también de compañías de mediana y baja capitalización. Así, cada índice mide de forma fiel la evolución del mercado que representan.

Los índices MSCI se revisan de forma trimestral y las empresas que se toman como referencia se renuevan o se quedan dos veces al año. En la actualidad, se utilizan como referencia para indicar el valor de muchos fondos y para evaluar el rendimiento de la mayor parte de las inversiones en bolsa de gestión activa.

## Crear tu cartera

Ahora sí, dicho todo esto, vamos a imaginar tu primera cartera de inversiones. Te aconsejo que diversifiques tu cartera colocando tu dinero en un mínimo de 5 activos financieros diferentes y un máximo de 12.

Supongamos que tienes un capital inicial de 10.000 €. Una propuesta interesante sería distribuirlo de la siguiente manera:

- Un 10 % en Bonos del Tesoro de un país fuerte económicamente, como Alemania, y a 10 años. Bajo riesgo y ganancias garantizadas, aunque modestas y a largo plazo.

- Un 30 % en inversiones (acciones) en un

sector potente, como la industria tecnológica estadounidense. Alto riesgo y ganancias no garantizadas, aunque la rentabilidad puede ser muy alta si la operación sale bien.

- Un 30 % en moneda de otro continente, por ejemplo, yenes japoneses. Bajo riesgo y capital asegurado.
- Un 30 % en acciones de distintas entidades financieras españolas, con renta variable y riesgo medio.

Esta primera cartera te puede servir como aprendizaje práctico para tus futuros movimientos.

## Consejos básicos

- Empieza a invertir ya. Una vez revisadas tus opciones, no pierdas el tiempo: cada día que tu dinero está parado en una cuenta corriente sin bonificación, pierde valor.
- Sigue la evolución y el resultado de tus inversiones periódicamente, por ejemplo, de forma trimestral. Aprende de las dinámicas que sigue tu dinero.

- No lo apuestes todo al rojo. Ya hemos dicho que hay que distribuir el capital entre diferentes activos para reducir el riesgo y minimizar pérdidas en caso de volatilidad.

- Ojo con los «riesgos calculados». Hay una gran diferencia entre cometer errores, tener mala suerte o ser temerario/a o impulsivo.

- Huye de las burbujas[1] . Nunca sabes cuándo van a estallar.

- Revalúa las inversiones en función de cambios de mercado. No dejes el dinero a su suerte. Reacciona a tiempo si descubres tendencias «tóxicas».

---

1. La burbuja en un mercado es la situación en la que el precio de un activo se infla de manera excesiva y desproporcionada en relación con su valor intrínseco. Si disponemos de ese activo en plena burbuja, tendrá un alto valor, pero la subida insostenible de precios siempre va acompañada de un *crash* o estallido final.

# VII. 100 micro hábitos financieros infalibles

MICRO HÁBITOS PARA AHORRAR:

1. Programa electrodomésticos como la lavadora o el lavavajillas para que funcionen en horarios de tarifa reducida, si la tienes.

2. Practica las tres R como hábito: Reducir, Reusar, Reciclar.

3. Redondea cada compra al dólar o euro más cercano y transfiere la diferencia a una cuenta de ahorros. Por ejemplo, si gastas 4.5 €, redondea a 5 y guarda el medio euro restante.

4. Usa menos luz y apágalas siempre en todas las habitaciones donde no estés.

5. Cambia a bombillas LED: Sustituir las bombillas tradicionales por LED y bajo consumo.

6. Bebe más agua y menos bebidas azucaradas y alcohólicas: además de ser más saludable, ahorrarás bastante dinero.

7. Desenchufa aparatos eléctricos cuando no los estés usando. Muchos dispositivos siguen consumiendo energía en modo de espera.

8. Ajusta la calefacción o el aire acondicionado. Mantener la temperatura dos grados más baja en invierno y tres más alta en verano supone un ahorro considerable y se puede subsanar con más o menos ropa.

9. Lava la ropa con agua fría cuando no tenga manchas. La mayor parte del consumo energético de la lavadora proviene del calentamiento del agua.

10. Evita la secadora siempre que puedas y tiende al aire libre o en alguna habitación.

11. Cocina maxi cantidades: Prepara comidas y congela las porciones. Esto no solo ahorra dinero y energía, también tiempo de cocinar.

12. Reduce las comidas a domicilio y el «tomar algo» en lugares de moda y carísimos. Monta encuentros y guateques en casa.

13. Aprovecha las sobras de las comidas para hacer un nuevo plato.

14. Cultiva tus propias hierbas aromáticas: Si tienes espacio, considera crear un pequeño jardín en casa para cultivar hierbas como albahaca, menta, perejil o cilantro.

15. Usa el transporte público o comparte el viaje en coche para reducir los gastos.

16. Realiza listas de compras antes de ir al supermercado: Evita las compras impulsivas haciendo una lista de lo que realmente necesitas.

17. Registra tus gastos diarios. Usa aplicaciones de finanzas para llevar tus cuentas al día.

18. Piensa en una nueva forma de ahorro, por pequeña que sea. Esto mantiene tu mente enfocada en la mejora financiera constante.

19. Comparte con los demás tus planes de ahorro (sin desvelar información sensible). Eso te motivará.

20. Usa una aplicación para rastrear el consumo de energía.

21. Compara los costos de diferentes proveedores de electricidad. Haz lo mismo con tus proveedores de internet, plataformas de TV, luz, gas, agua... ¿Se ajustan a tus necesidades o estás pagando de más?

22. Aprende a hacer presupuestos en papel y con programas específicos, así como hojas de cálculos tipo Excel.

23. Propón un plan de ahorro en familia con pequeñas acciones diarias / semanales adaptadas a cada miembro.

24. Al inicio de cada día, calcula cuánto dinero crees que gastarás ese día, entre lo que te cobren de tu cuenta y lo que pagues tú. Al final del día, comprueba si has acertado.

25. Realiza alguna reparación o mantenimiento de la casa por ti mismo/a.

26. Planifica tus comidas: Dedica un tiempo cada semana para planificar tus comidas. Esto ayudará a reducir el desperdicio de alimentos y a ahorrar en la compra.

27. Sigue tu presupuesto mensual.

MICROHÁBITOS PARA COMPRAR MEJOR:

28. Aplica siempre la regla de los 3-20-100 usos.

29. Prescinde de los alimentos de moda que se ponen por las nubes.

30. Descubre un artículo interesante con descuento por pago anticipado.

31. Piensa en una alternativa barata / creativa / sostenible a un regalo que tengas que hacer por compromiso. Haz lo mismo con una cena o un evento social que sabes que será caro.

32. ¿Vas a la playa? Llévate comida y bebida y deja el chiringuito para otra ocasión.

33. Evalúa un objeto que hayas comprado. Cada día, revisa un artículo en tu casa y pregúntate qué valor tiene para ti, cuánto

pagaste por él y si valió la pena. Si no es así, considera venderlo o donarlo

34. Intercambia libros y juegos de mesa.

35. Desactiva las notificaciones de tiendas y marcas: Si no recibes avisos de promociones y descuentos, será menos probable que caigas en la tentación de comprar cosas innecesarias.

36. Reduce tus visitas a las tiendas en línea: Si navegas por las tiendas en línea, es fácil agregar cosas al carrito sin pensarlo. Establece un límite de tiempo para navegar por las tiendas en línea y respétalo.

37. Busca alternativas gratuitas o de bajo costo: Antes de comprar algo nuevo, considera si hay alternativas gratuitas o de menor costo disponibles. Por ejemplo, si quieres un nuevo libro, busca en la biblioteca o intercambia libros con amigos.

38. Compra productos de temporada y de kilómetro 0 para aprovechar precios más bajos.

39. Deja de apostar: Ni lotería, ni juego online, ni ninguna otra actividad de azar donde involucres dinero. Siempre vas a perder al final.

40. Haz ejercicio en casa o en espacios libres: En lugar de pagar un gimnasio, busca rutinas de ejercicio en línea y hazlos desde casa.

41. No contrates los servicios de especialistas (entrenador personal, nutricionista, esteticista, psicólogo, fisioterapeuta, etc.), si no tienes una razón de peso para hacerlo, por ejemplo, te estás recuperando de una convalecencia o hay una recomendación médica.

42. Elimina cada día algo de tu casa que no necesites (decluting). Eso te ayudará a conocer mejor tus necesidades y te enseñará a comprar mejor en el futuro.

43. Implementa la regla de las 24 horas antes de realizar una compra: Si sientes el impulso de comprar algo, espera un día antes de decidir. Esto puede ayudar a reducir gastos innecesarios.

44. Haz una lista de deseos: Antes de que lleguen las ventas, crea una lista de los artículos que realmente necesitas o que has estado deseando. Durante las ofertas, consulta solo esta lista y evita comprar impulsivamente.

45. Compara precios antes de hacer cualquier compra.

46. Piensa en gastos superfluos que acostumbres a tener. Trata de pasar toda una semana sin hacer ningún gasto de este tipo.

47. Aprovecha lo que compras. Desde un bono de transporte hasta unos pantalones. Sácales todo el partido que puedas.

48. Compra a granel en vez de productos envasados.

49. Compra en grandes cantidades en vez de pequeños paquetes.

50. Acuérdate de usar cupones y descuentos.

51. Si compras mucho en una tienda, fidelízate para aprovechar las promociones para clientes VIP.

52. Deja de ir a lugares donde sea una tentación gastar: centros comerciales, cervecerías o cafeterías que te gustan, lugares donde tengas que consumir obligatoriamente, etc.

53. Elige una tienda y compara precios entre su tienda física y online.

54. Evitar comprar comida procesada: Los alimentos procesados suelen ser más caros, además de menos saludables.

MICRO HÁBITOS PARA INVERTIR:

55. Decide cada día si quieres seguir siendo parte de ese 5% de gente exitosa que se diferencia del resto. Renueva tus votos cada día.

56. Aprende sobre distintas formas de micro invertir y diversificar.

57. Ten una idea de inversión cada día. Investiga las más viables.

58. Revisa el rendimiento de tus fondos de inversión.

59. Entérate de las distintas recompensas que ofrecen los bancos por abrir cuentas, tarjetas de crédito, etc.

60. Ten 1 idea al día de negocio, aunque sea poco realista. Esto entrena tu mente para los negocios.

61. Investiga sobre el valor del oro y cómo se usa en el mercado financiero.

62. Investiga sobre el mercado monetario: ¿Qué monedas están más fuertes?

MICRO HÁBITOS PARA EDUCARTE FINANCIERAMENTE:

63. Invéntate un negocio y crea un plan de marketing o de viabilidad.

64. Dedica 5 minutos al día a leer un documento financiero: un recibo, una factura, una nómina, el estado de tu cuenta... asegúrate de que entiendes lo que lees.

65. Investiga sobre una estafa masiva. Detecta en qué momento las victimas pisaron en falso y bajaron la guardia.

66. Investiga una nueva aplicación de móvil para invertir, o un nuevo software o monedero digital.

67. Recuerda al viejo Scrooge del cuento de Dickens. El dinero está al servicio de tu felicidad, no al revés.

68. Investiga sobre los productos o mercancías más valorados en el mundo.

69. Aprende a hacer informes financieros de empresas.

70. Sigue un podcast sobre finanzas o lee 10 minutos al día sobre finanzas.

71. Aprende un concepto nuevo de economía cada día.

72. Asiste a un seminario online sobre inversiones.

73. Elige una de las crisis económicas históricas y entiende por qué sucedió (desde el *crack* de 1929 hasta la recesión post-covid19).

74. Investiga sobre criptomonedas.

75. Participa en foros de discusión sobre finanzas.

MICRO HÁBITOS PARA FOMENTAR LA PROACTIVIDAD FINANCIERA:

76. Reflexiona sobre un logro económico. Cada noche, recuerda una pequeña victoria financiera del día, como

haber evitado una compra impulsiva o haber transferido una cantidad a tu cuenta de ahorros.

77. Recuerda tus objetivos de ahorro: Mantén presentes tus metas financieras y recuerda por qué estás ahorrando.

78. Recuerda que la creación de riqueza o bienestar como un proceso constante, no un golpe de suerte puntual.

79. Haz un análisis de los gastos extraordinarios y excepcionales que tuviste el año pasado. ¿Pudiste hacerles frente sin problema o fueron un auténtico quebradero de cabeza para ti? ¿Te ocurriría lo mismo ahora?

80. Involucra a alguien en tu proceso: Habla con un amigo o familiar sobre tus objetivos de ahorro; pueden ayudarte a mantenerte firme.

81. Refuerza tu entorno: Rodearte de mensajes positivos sobre el ahorro y la frugalidad. Crea un tablero de visión o guarda imágenes que representen tus metas financieras para recordarte por qué es importante ahorrar.

82. Define los 3 objetivos del día: Antes de comenzar tu jornada, identifica los 3 objetivos principales que debes

alcanzar ese día y asegúrate de tener claro cómo cumplirlos. Si al final del día no logras completar todas las tareas previstas, es fundamental que al menos hayas terminado esas tres prioridades. Si no lo has conseguido, reflexiona sobre qué pudo haber fallado.

83. Planifica el día siguiente: Antes de finalizar tu jornada laboral, dedica los últimos 5 minutos a organizar las tareas que debes realizar al día siguiente.

84. Repasa tus obligaciones diarias antes de comenzar tu jornada: Tómate unos minutos a primera hora para identificar tus metas diarias y asegurarte de que están priorizadas según su relevancia y urgencia. Este hábito te proporcionará claridad mental para empezar bien.

85. No pienses en dinero, piensa en el éxito de tus acciones y tu trabajo.

86. Echa un vistazo rápido a tu saldo cada mañana. Así serás consciente de tu situación financiera y detectar movimientos inesperados o errores.

87. Mantén tus documentos financieros organizados: recibos, facturas, contratos y registros de inversión, para facilitar la planificación y la presentación de impuestos.

88. Ofrécete a amigos o conocidos (o por tus redes sociales), para pequeños trabajos ocasionales de algo que sepas hacer, desde reparación de calzado hasta consultoría en marketing.

89. Levántate temprano, cada día a la misma hora.

90. Dedica 8 horas diarias a un trabajo remunerado. Si puedes, súmale 2 más a un proyecto futuro.

91. Agradece lo que tienes a diario. Eso te ayuda a cultivar una mentalidad positiva y a apreciar el lado bueno de tu vida.

92. Haz un inventario de tus bienes. ¿Qué tienes en propiedad? ¿Un piso, un coche, una bicicleta, ropa cara? Su fuera necesario, ¿qué podrías vender?

93. Investiga sobre posibilidades de promoción en tu empresa y beneficios laborales adicionales.

94. Valora de vez en cuando tu trabajo actual. ¿Podrías mejorar tu situación laboral en un futuro próximo?

95. Haz una micro donación diaria a una causa benéfica. Eso te «vacunará» contra la tacañería patológica.

MICRO HÁBITOS PARA GESTIONAR LA DEUDA:

96. Revisar los intereses que estás pagando de forma regular e investiga si hay manera de mejorarlos. ¿Tienes clara tu relación deuda-ingresos? ¿Sabes cuánto pagas de deuda al mes y cuándo terminarás de devolver tus préstamos?

97. Configura alertas para que te avisen ante cobros inusuales en tu cuenta corriente.

98. Evita contraer más deudas de ningún tipo.

99. Es preferible que esperes a tener el dinero antes que financiar tus compras con intereses.

100. Evita penalizaciones por descubiertos en la cuenta, recargos por demora, etc.

# BLOQUE 4: EL RETO

# PASO 1: La Rueda de las Finanzas

Es hora de poner manos a la obra. Comienzan los primeros 30 días del desafío.

Te presento la Rueda de las Finanzas, una herramienta que considero fundamental para el desarrollo financiero, especialmente en lo que respecta a la formación de hábitos. Me gusta porque permite visualizar el progreso de manera muy efectiva.

La Rueda de las Finanzas es una derivada de la Rueda de la Vida que he usado en mi libro sobre Hábitos Smart. Consiste en un círculo que se divide en 6 secciones, cada una correspondiente a un área fundamental. En nuestro caso:

1. AHORRO.

2. PROACTIVIDAD.

3. INVERSIÓN.

4. COMPRAS.

5. EDUCACIÓN.

6. DEUDA.

Este círculo se segmenta en 10 círculos interiores, como si fuera una diana para dardos, que sirven como una escala para evaluar el grado de satisfacción o eficacia en cada uno de estos ámbitos.

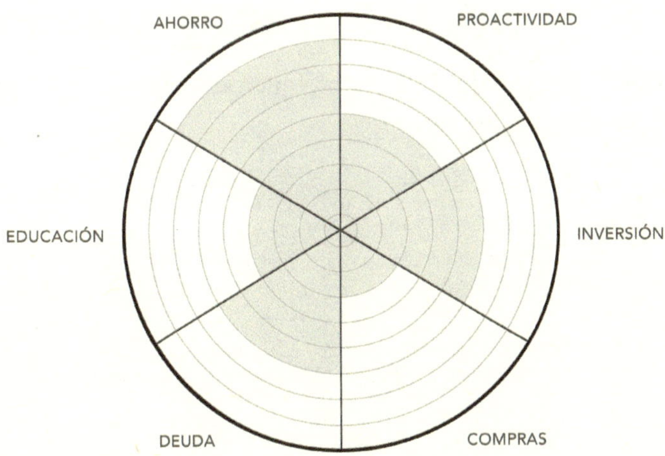


La mecánica es simple: Solo debes rellenar o colorear los círculos internos de cada área en función de tu nivel de satisfacción, comenzando desde el centro. Por ejemplo: si estás muy satisfecho con tu nivel de ahorro, puedes pintar varias partes de ese «quesito», como 7 y 8. Y si tu problema es que te pierden las compras impulsivas, puedes colorear solo 1 o 2 del quesito de las compras, indicando que es un punto débil para ti.

## Tu Rueda de las Finanzas

Ahora te invito a que reflexiones sobre estos 6 aspectos de las finanzas de acuerdo con tu momento actual. Otorga una puntuación a cada uno de ellos y refléjala pintando los círculos interiores, que van del 1 (el círculo más pequeño), al 10 (el más grande).

# MES 0

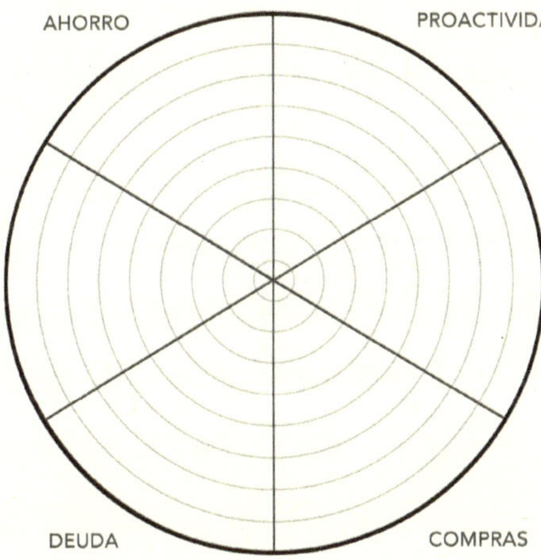

# PASO 2: Elige 1 hábito

Una vez que has valorado cada uno de los 6 aspectos de tu Rueda de las Finanzas según lo contento/a que estés o lo competente que te sientas en ese ámbito, habrás descubierto en qué ámbitos flojeas. Tal vez sea invertir, tal vez sea aprender a comprar de otra forma.

Lo siguiente es vincular ese aspecto a mejorar con un hábito a desarrollar para lograrlo. Así que te pido que revises el listado de los 100 hábitos del bloque 3 y elijas uno relacionado con el aspecto que quieres mejorar. Por ejemplo: si se trata de ahorrar, tal vez un hábito puede ser acostumbrarte a llevarte un termo con té al trabajo para no tener que gastar en la cafetería.

Asegúrate de elegir un hábito para el que te sientas preparado –ni demasiado fácil, ni demasiado complicado–, para empezar.

¿Ya tienes tu hábito listo?

Ahora lo «único» que debes hacer es ser constante con él durante los próximos 30 días. Recuerda que la repetición es lo que transforma un comportamiento voluntario en un hábito. ¿Lo ves fácil? ¿O necesitas algún consejo o ayuda extra para no abandonar? Vamos al Paso 3.

## PASO 3: Recuerda tu porqué

Ya has elegido tu primer mini hábito que quieres instaurar en tu vida en los próximos 30 días. Para prevenir posibles desmotivaciones futuras que acaben en abandono del hábito, no está de más que recuerdes por qué has iniciado todo este proceso.

En el capítulo 8 hemos tratado este tema. Recuerda: ¿Por qué te has comprado este libro y por qué has llegado hasta aquí? ¿Cuál es el motivo último, el porqué, de lo que haces?

Por favor, aplícalo a este primer hábito específico. ¿Por qué? Pues porque, para establecer un hábito verdaderamente efectivo, es crucial que esté alineado con tus valores y aspiraciones más profundas. Un hábito es relevante cuando tiene un sentido claro y significativo para ti. No importa si a otros no les parece importante; lo esencial es que resuene contigo y con la persona que quieres ser. ¿Recuerdas la «R» de SMART: Relevance (Relevancia)? Pues eso.

## Vincula el porqué a tu nuevo hábito

Escribe esa razón, esa motivación profunda, en uno o varios lugares donde la veas frecuentemente, como tu agenda, tu escritorio o incluso como fondo de pantalla en tu teléfono. Esta visualización continua te recordará tu objetivo y te ayudará a mantenerte enfocado y motivado a lo largo de los próximos 30 días. Eso te enfocará en el hábito y aumentará tu nivel de compromiso con él.

Aún así, hay otra cosa que debes hacer durante estos 30 días: vamos al Paso 4.

# PASO 4: Mide tu constancia y tu progreso

¿Por qué es importante ir supervisando tu propio proceso? Porque, si no evaluamos el progreso en nuestro camino hacia la adquisición de un nuevo hábito, no sabremos cuánto nos falta para lograrlo ni si estamos avanzando en la dirección correcta.

William Thomson lo expresó de manera muy clara: "Lo que no se define no se puede medir. Lo que no se mide, no se puede mejorar. Lo que no se mejora, siempre se degrada".

Además, hacer un seguimiento nos ayuda de otra manera: si la consolidación de nuestro nuevo hábito parece muy lejana en el tiempo, podemos desglosarlo en acciones más pequeñas y manejables, de forma que empecemos a ver «pequeñas victorias».

Ahora pregúntate: ¿cómo vas a medir tu hábito?

## Ideas para registrar tu proceso

¿Cómo registrar tu progreso? Con lo que te sea más cómodo: un bolígrafo y una libreta de toda la vida, una aplicación móvil específica, un calendario que te permita anotarlo...

Recuerda que lo que debemos medir son nuestros progresos y acciones, no el resultado final.

Aquí van algunos ejemplos de aplicaciones móviles que me parecen útiles:

- HabitBull: Específicamente diseñada para crear hábitos y «no romper la cadena». Es capaz de llevar el tracking de hasta 100 hábitos distintos, aunque mi recomendación es empezar por 1 (el que hayas elegido de la lista de 100) e ir sumando.

- Loop: Esta aplicación se define como un «analizador de hábitos» que te ayuda a visualizar tu progreso.

- HabitShare: Esta aplicación me gusta por lo que decía de explicar el hábito a alguien o darle nuestra palabra: HabitShare te obliga a publicar y compartir tus avances con familiares y amigos, de modo que obtienes cierto «compromiso» adicional.

- Quitzilla: Esta aplicación no está diseñada para implementar nuevos hábitos (en positivo), sino para eliminar los malos (en negativo). Lo que rastrea es cómo te vas «desenganchando» de los comportamientos tóxicos, desde dejar el café hasta no comprar zapatos por capricho.

- Habitify, Way of Life, Avocation Goal... Hay muchas más «habit trackers» que te recordarán cómo lo llevas y te animarán a no abandonar.

Ahora que ya tenemos elegido nuestro primer hábito y la forma en que vamos a seguir nuestro progreso, vamos a ver algunos trucos extra que nos facilitarán desarrollarlo y consolidarlo. Te lo cuento en el Paso 5.

# PASO 5: Detecta los disparadores

Imaginemos que hemos decidido empezar por *deshabituarnos* a consumir cada día el desayuno en la cafetería y llevarnos algo casero en su lugar.

Si llevamos mucho tiempo con ese hábito, no será fácil. Los primeros días, nuestro cerebro nos bombardeará con los deliciosos productos de la cafetería. Nos diremos a nosotros/as mismos/as que apenas son unos euros insignificantes.

¿Cómo lo evitamos?

Primero, hay que analizar nuestro rato de desayuno y descubrir todo lo relacionado con el hábito de ir a la cafetería:

- ¿Qué nos gusta de ese hábito? ¿El café recién hecho, el salir con algunos compañeros del trabajo, desconectar, estirar las piernas, fumar...?

- ¿Qué hacemos justo en el momento anterior y el posterior?

Una vez analizado el hábito desde que empieza (se disparan las ganas de ir a la cafetería) hasta que obtenemos la recompensa (el «bienestar» obtenido), hay que pensar en el cambio: ¿Qué podemos hacer en sustitución de ese rato o de ese ritual?

## Trucos y recursos

A veces, hay que tirar de imaginación para apuntalar los nuevos hábitos. Comparto aquí algunas de las tácticas descubiertas por mis pacientes:

- **Colocación estratégica de objetos:** Una paciente que quería introducir el hábito del gimnasio después del trabajo colocaba su bolsa de deporte preparada EN MITAD DEL PASILLO cuando se iba a trabajar. Así, al volver, en cuanto abría la puerta, se la encontraba y recordaba su compromiso. Así era más difícil que se entretuviera con otras cosas o que la pereza la ganara. Otro cliente que nunca se acordaba de beber agua y tenía problemas de riñón, se colocaba botellas de agua por todas partes, a la vista, incluso encima de la lavadora.

- **Recordatorios:** Utilizar alarmas, notas pegadas, agendas o aplicaciones móviles para recordarnos las cosas.

- **Técnica del primer minuto:** Cuando una tarea es muy tediosa o aburrida, no pensar en ella AL COMPLETO, sino centrarnos solo en el primer minuto. Si tenemos que revisar facturas durante dos horas seguidas cada viernes, podemos centrarnos solo en pensar en la acción de abrir la primera carpeta de facturas. Solo eso. Una vez la carpeta está abierta, será más difícil abandonar porque «ya estamos puestos en ello».

- **Solo dos mordiscos o dos sorbos:** En vez de beber la cerveza entera o comer todo el donut o el pastel, darle un par de bocados o de sorbos cortos. El resto, tirarlo a la basura. Con el tiempo, te dará mucha rabia gastar dinero y tirar algo comestible y preferirás no comprarlo.

Todos estos trucos pueden parecer aparatosos, pero solo son necesarios al comienzo: una vez asumido el hábito, nuestro cerebro nos lo pondrá mucho más fácil.

¿Qué más debemos tener en cuenta para que nuestro nuevo hábito pase a formar parte de nuestra rutina? Evitar las tentaciones. Vamos al Paso 6.

# PASO 6: ¡Ojo con las tentaciones!

Al igual que Ulises era consciente de que tendría que enfrentarse a la Isla de las Sirenas y se preparó para no sucumbir a su canto, tú también sabes que ciertas situaciones representarán una tentación para ti. Reconocerlo con anticipación es el primer paso para protegerte de esos "cantos de sirena".

El problema con las tentaciones es que son muy individuales y están influenciadas por factores emocionales, educativos, entre otros. Lo que para una persona puede ser un gran desafío resistir, para otra puede no tener ninguna importancia.

Por eso te invites a que pienses dónde está tu talón de Aquiles en relación con el nuevo hábito.

Ahora es momento de idear estrategias para mantenerte firme ante las tentaciones. Necesitarás ser creativo para encontrar soluciones. Aquí te dejo algunos ejemplos:

- **Comprométete con alguien:** Busca a una persona de confianza y cuéntale tu objetivo. El hecho de comprometerte delante de alguien y poner en juego tu orgullo te motivará a seguir adelante.

- **Rodéate de personas adecuadas:** Las conductas son contagiosas. Al rodearte de personas que te inspiren y a quienes también puedas inspirar, notarás la diferencia. No necesitas alejarte de tus amigos solo por querer ahorrar, pero si esa es tu meta y nadie más a tu alrededor comparte ese interés, es posible que te sientas solo en tu esfuerzo.

- **Haz una apuesta:** Elige una cantidad de dinero que te dolería perder y piérdelo cada vez que falles. Puedes regalárselo a alguien que no te caiga bien o a una causa que te desagrade. La idea es que perder ese dinero sea suficientemente molesto para motivarte a cumplir.

- **Piensa en una recompensa:** Acuerda un premio contigo mismo si logras resistir la tentación. Solo asegúrate de que la recompensa no contradiga tus objetivos, ¡no sirve que el premio sea algo que afecte tu progreso!

- **Repite el comportamiento si fallas:** ¿Decidiste no comprar en rebajas y has fallado? Ahora oblígate a comprar una cosa cada día durante el resto de la semana, o hasta que te sientas lo suficientemente avergonzado como para no volver a hacerlo.

## Planes de respaldo

Los **planes de respaldo** son estrategias previamente ensayadas mentalmente que te ayudarán en momentos donde hay tentaciones. Los psicólogos llaman a esta técnica "intención de implementación", y funciona como el apuntador en una obra de teatro, recordándote lo que debes hacer cuando pierdes el hilo.

Imagina que estás en un objetivo de ahorro y se acerca la Navidad, una época en la que las celebraciones suelen incluir muchos gastos. Un plan de respaldo eficaz sería decidir de antemano un presupuesto máximo para regalos, formado por un presupuesto máximo para cada persona a quien debas hacer un regalo. En tu plan debe estar decidido de antemano que, si excedes el presupuesto de una persona, deberás quitarle la diferencia a otra. Visualízate cumpliendo este plan y ve reuniendo los tiques a modo de recordatorio.

Es crucial que el plan de respaldo se decida con anticipación, en un momento de tranquilidad, antes de enfrentarte a la situación. Esto te ayudará a ignorar esa voz emocional que te pedirá saltártelo. Ten presente que las tentaciones suelen atacar cuando estás más vulnerable, y lo hacen de forma sutil: «No pasa nada por gastar un poco más: ¡es Navidad!».

# PASO 7: Recompensa tus esfuerzos

Algunos expertos no creen en la idea de recompensar los logros, argumentando que el logro en sí ya debería ser suficiente recompensa, especialmente para un adulto. Sin embargo, no comparto esa opinión.

El sistema de recompensas es uno de los métodos más antiguos y efectivos en el ámbito educativo. Es una manera clara y tangible de enseñar que no es lo mismo hacer algo que no hacerlo, o hacerlo bien en lugar de hacerlo mal. Las distintas acciones deben tener consecuencias diferentes.

## Celebra tus logros

La recompensa es, en esencia, una celebración de lo que has alcanzado. Y, en mi opinión, también se debería recompensar el esfuerzo genuino, aunque aún no hayas alcanzado el objetivo final. Detente de vez en cuando para celebrar hasta dónde has llegado. ¿Por qué es importante? Aquí te doy algunas razones:

- Celebrar tiene un impacto positivo en nuestra autoestima, especialmente si podemos registrar ese momento en una foto o algún recuerdo que nos sirva para motivarnos en momentos difíciles.

- Reconocer un logro o esfuerzo permite que los demás lo vean, lo que crea la oportunidad de recibir elogios o de inspirar a otros con tu ejemplo, lo cual es muy gratificante.

- Celebrar fortalece nuestra confianza en el plan y en las estrategias que estamos siguiendo.

- Si nuestro esfuerzo es reconocido, nos preparamos para afrontar las siguientes acciones con una actitud mucho más positiva.

- La celebración de pequeños avances nos motiva a asumir retos más grandes con mayor confianza.

## ¿Cómo celebrar un logro?

Ya he dicho que muchos expertos están en contra de recompensas, y más si celebrar es sinónimo de comprar algo. En eso llevan razón.

Cuando alcanzamos un logro, tendemos a compensarnos rápidamente con algo material o placentero, cuando en realidad, celebrar debería ser más un acto de gratitud hacia nosotros mismos. Sin embargo, creo que también es importante permitirnos un regalo tangible de vez en cuando. Eso sí, la recompensa no debe contradecir el hábito que estamos intentando consolidar. Si, por ejemplo, te has propuesto dejar de comprar zapatillas deportivas en una temporada, no te recompenses comprándote unas.

Mi consejo es ser conscientes de por qué nos damos un regalo y asegurarnos de que ese regalo se traduzca en felicidad a largo plazo. El verdadero regalo debe ser la sensación de bienestar que tendrás cada vez que uses esa recompensa (en caso de que sea un objeto), recordando el esfuerzo que hiciste para lograr tu objetivo.

## ¿Y ahora, qué?

¡Hemos llegado al final! Ahora contamos con todo lo necesario para integrar un nuevo hábito en nuestra vida. Sabemos cómo llevarlo a cabo, conocemos las posibles dificultades que pueden surgir y tenemos a mano los recursos que nos ayudarán a mantenernos firmes y consistentes.

Solo falta escoger una fecha y comenzar con el primer hábito. ¿Y cuál es el mejor día para hacerlo? Exactamente: ¡HOY!

¿Qué sucede después? Si todo va como debe, ese hábito se convertirá en parte de tu vida cotidiana. Una vez logrado, simplemente vuelves a tu lista de hábitos, eliges el siguiente y lo pones en marcha. Así, paso a paso, irás llenando tu vida con los hábitos que te acercarán a la persona que deseas ser, a tu mejor versión.

Antes de que continúes, te pido algo importante: no sigas leyendo hasta que hayas practicado tu primer hábito durante 30 días. Este tiempo es fundamental para comprobar que has interiorizado el proceso. Aunque yo ya estoy convencido de que lo lograrás. Confía en ti mismo y en el camino que estás siguiendo, y te prometo que tu vida cambiará por completo.

# IMPORTANTE

No sigas leyendo hasta haber completado los 30 días.

# La fuerza de los Hábitos SMART

Al final del bloque anterior, te pedí que no continuaras hasta haber completado los primeros 30 días con tu nuevo hábito. Esa petición tenía un motivo, y ahora te lo explicaré.

Los primeros 30 días son críticos para consolidar un hábito, ya que durante ese tiempo tu mente y cuerpo se están adaptando a una nueva rutina. Es en este período cuando el hábito aún no está completamente arraigado, por lo que es más fácil abandonarlo si no lo practicas de forma constante.

Antes de continuar, permíteme felicitarte. Te has comprometido seriamente a implantar ese primer hábito y, lo más importante, has confiado en el proceso. Sé que, si no lo has hecho ya, estás a punto de asumir el compromiso de seguir adelante. Es, sin duda, la mejor decisión que puedes tomar. ¡ENHORABUENA!

Ahora te pido que no te detengas. Te invito a completar una nueva **Rueda de la Vida.** Cuando lo hagas, compara los resultados con los de la primera que llenaste hace 30 días.

La razón de esta comparación es simple, y probablemente ya lo hayas notado: muchos han experimentado un cambio radical solo con la implementación de su primer hábito. Esto sucede porque se dan cuenta de algo fundamental: **pueden lograr lo que se propongan.**

Por eso, la verdadera magia del método radica en repetir el proceso cada mes, eligiendo un nuevo hábito para trabajar. Primero, completa una nueva **Rueda de la Vida,** y luego selecciona un nuevo hábito basado en el área con menor puntuación o en la que sea más relevante para ti en este momento.

Con el tiempo, notarás que cada vez te resultará **más fácil** incorporar un nuevo hábito en tu vida. Este enfoque continuo no solo refuerza tu compromiso, sino que también te ayuda a crecer y evolucionar hacia la persona que deseas ser.

## 12 meses, 12 ruedas

Para hacerte más fácil esta tarea, he preparado una **Rueda de las Finanzas** para cada uno de los próximos 12 meses. Si ya estás sorprendido con los resultados de los primeros 30 días, ¡no puedes imaginar cómo será tu vida dentro de un año!

Cuando llegue ese momento, compara tu primera Rueda con la última... ¡y cuéntame cómo te ha ido! Estoy seguro de que verás un progreso impresionante y transformador.

Un abrazo,

Daniel

# TUS PRÓXIMOS 12 MESES

# MES 1

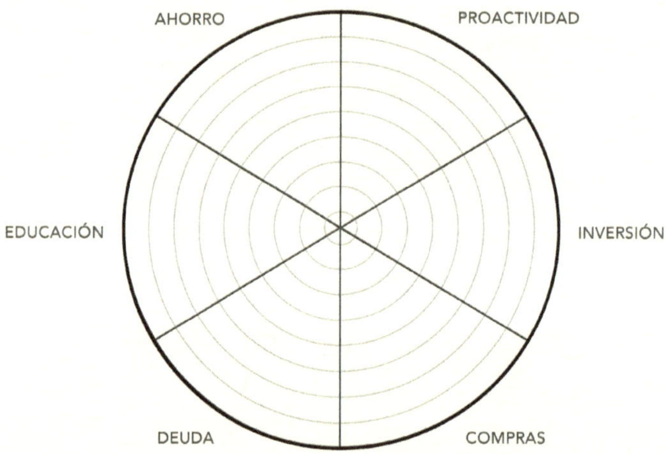

# MES 2

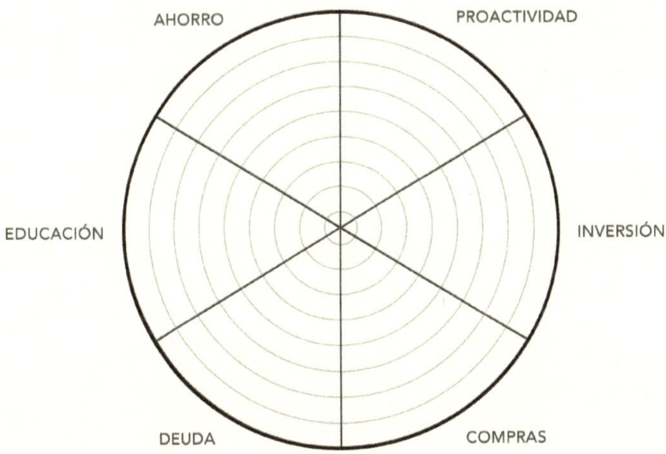

# MES 3

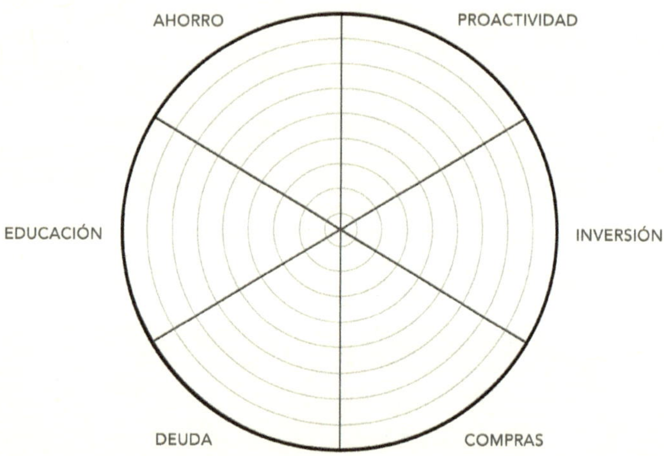

# MES 4

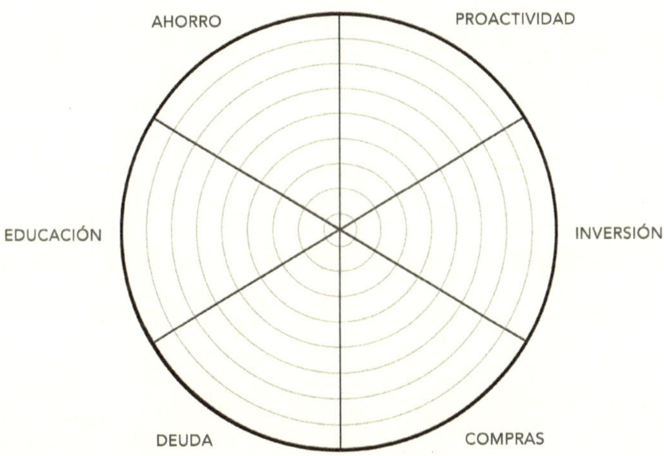

# MES 5

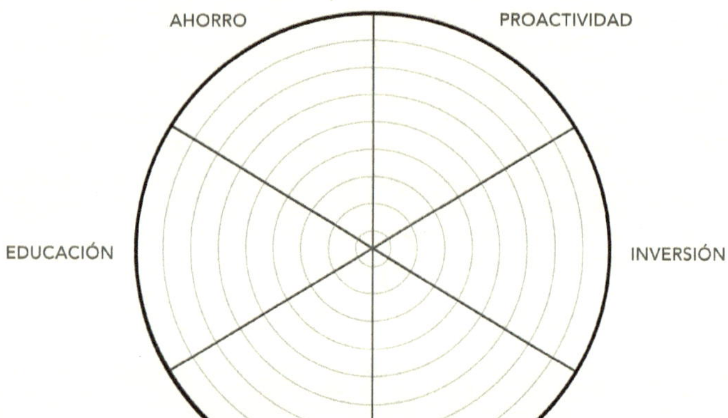

# MES 6

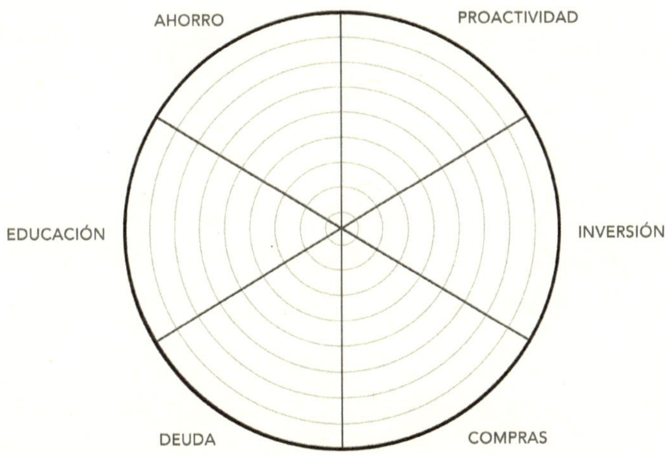

# MES 7

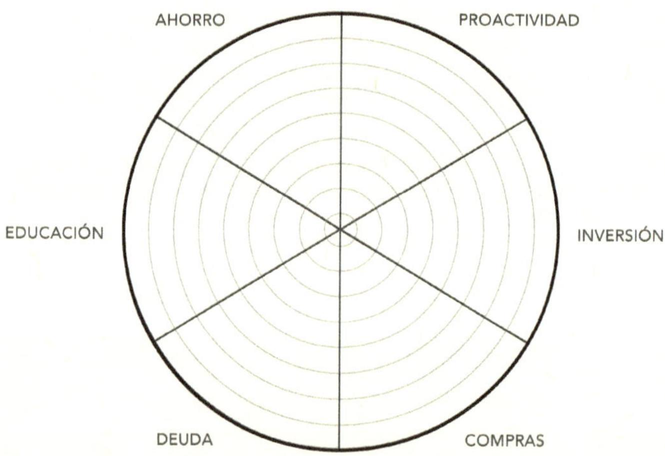

# MES 8

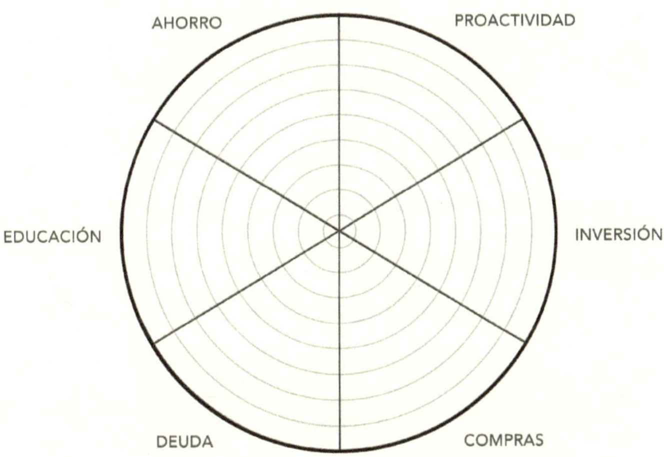

# MES 9

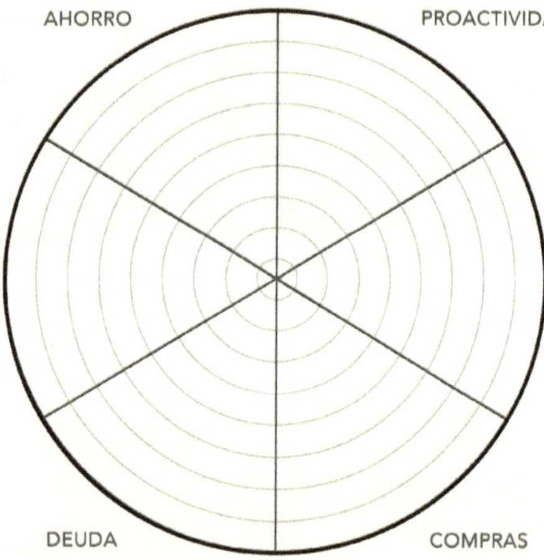